Barbara Hess

Sabbaticals

Barbara Hess

Sabbaticals

Auszeit vom Job
Wie Sie erfolgreich gehen und motiviert zurückkommen

Frankfurter Allgemeine Buch

Bibliografische Information der Deutschen Nationalbibliothek
Die Deutsche Nationalbibliothek verzeichnet diese Publikation in der Deutschen Nationalbibliografie; detaillierte bibliografische Daten sind im Internet über http://dnb.d-nb.de abrufbar.

Barbara Hess
Sabbaticals
Auszeit vom Job
Wie Sie erfolgreich gehen und motiviert zurückkommen

F.A.Z.-Institut für Management-,
Markt- und Medieninformationen GmbH
Frankfurt am Main 2009

ISBN 978-3-89981-191-9

Frankfurter Allgemeine Buch

Gestaltung / Satz
Umschlag: F.A.Z., Verlagsgrafik
Coverbild: Fotolia
Satz Innen: Ernst Bernsmann
Druck: Messedruck Leipzig GmbH, Leipzig

Printed in Germany

Inhalt

Vorwort

Den Traum vom Aussteigen träumen noch immer viele – die Zahl der Sabbatical-Willigen ist nahezu unverändert geblieben. Was sich in den letzten acht Jahren seit Erscheinen der Erstauflage verändert hat, ist die öffentliche Aufmerksamkeit zum Thema. Mittlerweile gibt es gut ein Dutzend Auszeit-Ratgeber, die Anfragen zu Interviews und Hintergrundgesprächen haben stark zugenommen.

Bei der Unternehmensbefragung stellte sich heraus, dass mehr Unternehmen mit dem Begriff „Sabbatical" vertraut sind und es deutlich mehr Angebote von Arbeitgeberseite zur Auszeit mit Rückfahrschein gibt. Als neue Facette des Themas Auszeit ist die Elternzeit hinzugekommen. Was vor einigen Jahren manches Mal hinter einem Sabbatical versteckt wurde, wird heute von Vätern selbstbewusst als Elternzeit wahrgenommen. Ändert sich etwas in deutschen Landen? Die Ängste der Mitarbeiter und Unternehmen sind jedenfalls die gleichen geblieben. Und erstaunlicherweise hat sich auch die Zahl derer, die ihren Traum in die Realität umsetzen, nicht signifikant erhöht. Die Herausforderungen, vor denen der gewillte Auszeitler steht, scheinen für die meisten ein zu hoher Preis zu sein: das Sparen, um den Langzeiturlaub finanziell überbrücken zu können. Den Mut, sich mit den eigenen Ängsten wie Jobverlust und Karriereknick auseinanderzusetzen und auf die Vorbehalte des Arbeitgebers oder des Umfeldes einzugehen. Und schließlich das uns Deutschen so liebe Sicherheitsdenken aufzugeben und den Sprung zu wagen.

Mein letztes Sabbatical war im Jahr 2000 – und ich zehre noch immer davon. Gefühlt war es bei mir nach den berühmten sieben Jahren so weit, dass ich mich wieder nach einer Auszeit gesehnt habe. Ich habe sie dann in 2008 bekommen: Mein Sohn Max wurde geboren und ich konnte wunderschöne Monate mit ihm verbringen. Und die dritte Auszeit wird dann eine, die die ganze Familie nimmt. Ich freue mich jetzt schon darauf.

Ihre
Barbara Hess

I

Einleitung

Man entdeckt keine neuen Erdteile, ohne den Mut zu haben, alte Küsten aus den Augen zu verlieren.

André Gide, französischer Schriftsteller[1]

1 Der Traum vom Aussteigen

Der Job ist abwechslungsreich und macht Spaß, die Kollegen sind nett und der Erfolg ist da. Alles scheint perfekt zu sein. Bis das anfänglich leichte Gefühl des Nicht-Zufriedenseins immer stärker wird und einer „War-das-schon-alles?"-Ernüchterung weicht. Ich versuche, gegenzusteuern, auszugleichen. Nehme mir fest vor, meine privaten Interessen wieder stärker ins Blickfeld zu rücken: die Familie, den Partner, Hobbys und Freunde. Aber es bleibt bei Ansätzen; die Unruhe und das Unbehagen halten an. Bis mir klar wird: Die Zeit ist reif für etwas Neues. Was genau das ist, weiß ich nicht. Ich brauche Freiraum, um herauszufinden, was ich wirklich will und wie ich Karriere und Privatleben unter einen Hut bringen kann.

Ich entschließe mich zu einer Auszeit, einer mehrmonatigen Arbeitspause, einem sogenannten Sabbatical. Meine Idee ist, eine Tour quer durch Spanien zu machen – 1.000 Kilometer, allein und zu Fuß. Im Frühjahr breche ich tatsächlich auf. Von den Pyrenäen aus führt die Route über einen mittelalterlichen Pilgerweg, den Jakobsweg, bis zum Atlantik. Tagaus und tagein wandern. Über windige und schneebedeckte Höhen. Durch einsame und unberührte Landschaften. Vorbei an Dörfern, in denen die Zeit stehengeblieben scheint. Weiter durch die baumlose Hochebene der Meseta, auf die gnadenlos die Sonne brennt. Das verwunschen wirkende Galicien erinnert an Irland – mit seinen knorrigen Bäumen, dem dichten Morgennebel und den keltischen Kreuzen. Es ist ein Traum, trotz der körperlichen Anstrengungen und Schmerzen. Ich habe einige Zeit benötigt, um zu begreifen, was geschehen war: Ich hatte den Alltag und die Managerin hinter mir gelassen. Die Wanderroute war tatsächlich zum Pilgerpfad geworden.

Der Traum vom Aussteigen ist uralt. Wer hat ihn nicht schon mal geträumt? Einmal etwas ganz anderes tun und jemand völlig anderes sein. Befreit von allen Zwängen eine neue Rolle ausprobieren. Unendlich Zeit haben, über vieles nachdenken können und den Akku neu aufladen.

1 Soweit nicht anders gekennzeichnet, stammen alle Zitate von www.zitate.de.

So oder so ähnlich stellen sich viele den Langzeiturlaub vor. Wie das Meinungsforschungsinstitut GEWIS herausgefunden hat, träumen tatsächlich drei Viertel aller Deutschen[2] von einer mehrmonatigen Auszeit. Auch Arbeitsforscher, Psychologen und Berater sind sich einig und empfehlen stressgeplagten Arbeitnehmern immer häufiger den Ausstieg auf Zeit. In der öffentlichen Diskussion wird zunehmend auf die Vorteile für Arbeitgeber und Beschäftigte hingewiesen.

Aber zwischen Wunsch und Wirklichkeit liegen Welten: Die Zahl derer, die den Ausstieg tatsächlich wagen, ist verschwindend gering. Die Gründe sind mit Sicherheit vielschichtig. Im Vorfeld eines Sabbaticals muss vieles geklärt und durchdacht werden, um die Entscheidung für die Auszeit durch- und umsetzen zu können. Was sagt die Firma dazu? Was bedeutet das für mein weiteres berufliches Fortkommen? Wie ist das mit meiner Familie zu vereinbaren? Kann ich mir einen solchen Langzeiturlaub finanziell überhaupt leisten? Und der Zögerliche findet leicht eine plausible Erklärung, warum ein Sabbatical zwar generell, aber gerade für ihn derzeit nicht in Frage kommt.

Dieses Buch möchte Ihnen die Möglichkeit(en) aufzeigen, die ein Sabbatical bietet. Es soll Anstöße geben und zum Nachdenken anregen, aber auch mit praktischen Ratschlägen und Informationen dienen. In erster Linie ist es eine Hilfestellung für jene, die sich vorstellen können, ein Sabbatical zu machen und diese Option für sich und ihre persönliche Situation prüfen möchten. Sie werden in diesem Ratgeber keine Pauschallösungen finden – aber Antworten auf Fragen, die Sie Ihrer individuellen Entscheidung näherbringen.

Dieses Buch wäre eine bloße theoretische Abhandlung, hätte ich nicht auf meine eigenen Erfahrungen zurückgreifen können und die Möglichkeit gehabt, eine Vielzahl von Sabbatical-Nehmern zu interviewen. Diese individuellen Erfahrungen und Erlebnisse bilden den Grundstock für meine Ausführungen. Da sich meine Gesprächspartner häufig sehr offen und persönlich äußern, habe ich ihre Daten so verändert, dass die Anonymität gewahrt bleibt.

Ich möchte mich bei allen, die mich beim Schreiben dieses Buches unterstützt und zu seiner Entstehung beigetragen haben, ganz herzlich bedanken. Dazu gehören neben den Sabbatical-Nehmern auch meine Interview-

2 Vgl. auch www.lifeline.de, 2007.

partner in den untersuchten Unternehmen, die Gastautoren, mein Mann Frans Loen und meine Freunde. Daniel Güthert danke ich für die redaktionelle Mitarbeit.

Die Protagonisten

Andrea (37): Hat als Assistentin der Geschäftsleitung einen stressigen Job und brauchte eine Pause. Sie war die Erste, die bei ihrem Arbeitgeber ein Sabbatical beantragte. „Ich hatte das Gespräch mit dem Chef bis in alle Einzelheiten vorbereitet, und dann kam doch alles ganz anders ..."

Oliver (41) und Familie: Plant regelmäßig Auszeiten ein und verbrachte mit seiner Frau und den drei Söhnen, die damals ein, drei und fünf Jahre alt waren, vier Monate auf Mallorca. „Für uns als Familie war diese Zeit sehr wichtig."

Verena (31): „Zur Sicherheit habe ich allen erzählt, dass ich auf Weltreise gehen würde. Dann konnte ich nicht mehr zurück." Die Polizeibeamtin sparte drei Jahre lang für die Reise, auf der sie ihren Traummann kennenlernte.

Lutz (35): Der Berater wurde von seinem Arbeitgeber Boston Consulting Group zwei Jahre freigestellt, um zu promovieren.

Helen (31): Nutzte drei Monate Frei-Zeit, um sich in einem anderen Land einzuleben: Wohnung suchen, Sprache lernen und Freundeskreis aufbauen.

Jan (40): Der selbständige Architekt blieb einfach zwölf Monate zu Hause und genoss seine Leer-Zeit. „Das ist doch kein Sabbatical, oder?"

Anne (33): Wurde von ihrem Chef ins Sabbatical geschickt, weil sie ausgepowert war. Was sie in dieser Zeit erlebte, passte nicht in ihr Bild vom Sabbatical.

Alexandra (35) und Peter (37): Die Schweizer entschieden sich spontan für ein Jahr Weltreise und mussten beide bei ihrem Arbeitgeber kündigen.

Isa (62): Ihr Ausstieg vor zehn Jahren verlief ganz anders als geplant. Nach einigen Wochen wollte sie nur noch nach Hause und wieder anfangen zu arbeiten.

Sandra (27): Die Europa-Sekretärin nutzte die Auszeit, um sich über ihre beruflichen Pläne klar zu werden. Jetzt drückt sie in Schottland noch einmal die Schulbank.

Christine (39): Die Drogistin reiste sechs Monate durch die USA und lebte bei den Lakota-Sioux-Indianern. „Diese Zeit hat mein Leben verändert.“

Gerlinde (31) und Gerald (34): Die Manager von Procter & Gamble investierten drei Monate in Freundschaften und in ihre Beziehung. „Wenn’s geht, dann auf alle Fälle mit dem Partner ins Sabbatical.“

Cornelia (38): Gab für den Aufenthalt in Afrika alles auf und stand bei ihrer Rückkehr vor einem kompletten Neuanfang.

Sabine (35) und Harald (36) können sich nicht vorstellen, von ihrem Arbeitgeber eine Auszeit genehmigt zu bekommen.

Claudia (30): Steht vor einer Beförderung und macht trotzdem ein Jahr Frei-Zeit. „Die wenigsten Kollegen können meine Entscheidung nachvollziehen.“

Anton (41) und Gabi (34): Zweimal hatte es nicht geklappt, dann erfüllten sich die beiden vor zehn Jahren ihren Traum von der Durchquerung Afrikas.

Petra (39): Die allein erziehende Mutter geht jedes Jahr einmal ins Sabbatical – die Fluggastbetreuerin bei der Lufthansa möchte mit diesem Modell familiäre und berufliche Anforderungen in Einklang bringen.

II

Was ist ein Sabbatical?

Die ersehnte Ruhe in der Freizeit hat ihre Tücken.
Man könnte zum Nachdenken kommen.

OLIVER HASSENCAMP, DEUTSCHER SCHRIFTSTELLER

1 Ursprung des Begriffs

Das Wort „Sabbatical" kommt aus dem Amerikanischen und bedeutet so viel wie „eine Pause einlegen", um neue Energien zu tanken. Angelehnt ist die Bezeichnung nicht ohne Grund an das hebräische „Sabbat", den traditionellen Ruhetag in der jüdischen Religion. „Schabbat" im Hebräischen heißt übersetzt „ruhen". Im alten Israel wurde der Grundsatz befolgt, die Felder und Äcker alle sieben Jahre ruhen zu lassen, um ihnen die Möglichkeit der Regeneration zu geben. Die Bauern waren sich darüber im Klaren, dass sie ihr Land nicht unendlich lange würden bewirtschaften können, dass der Boden nach einigen Jahren ausgelaugt wäre und nicht mehr die gleichen Ernteerträge hervorbringen würde. Damit sich neue Nährstoffe anreichern konnten und sich das natürliche Gleichgewicht wieder herstellen ließ, lag das Land nach sechs Jahren der Bewirtschaftung ein Jahr lang brach. „Sechs Jahre sollst du dein Land besäen und seine Früchte einsammeln. Aber im siebten Jahr sollst du es ruhen lassen", heißt es dazu in der Bibel.

Ein schönes Bild für das Sabbatical in der Neuzeit. Das Besondere am Sabbatical ist die Tatsache, dass man für eine begrenzte Zeit aus dem Job aussteigt und danach wieder mit allen Rechten und Pflichten an den alten Arbeitsplatz zurückkommt. Die Tradition wurde in den 60er Jahren als Erstes von amerikanischen Professoren aufgegriffen, die nach einigen Jahren der Lehre ein Freisemester in Anspruch nahmen. Diese Frei-Zeit diente der Regeneration des Geistes, sprich der Erholung von den Lehr- und Prüfungs- sowie den (üblichen) Forschungsaktivitäten. In der kreativen Pause sollten die Hochschullehrer die Gelegenheit haben, sich mit neuen Inhalten zu befassen, um so wieder frische Ansätze für die Forschung und Energie für die Vorlesungen sammeln zu können.

In der Folge breitete sich das Freisemester auch an europäischen Hochschulen aus, wo es häufig als „Forschungsfreisemester" bezeichnet wird. Im Weiteren schlossen sich Lehrer und Beamte diesem Modell an. Gerade während der Lehrerschwemme in den 80er Jahren waren die Länder froh, wenn die Beamten eine Auszeit nahmen. Seit einigen Jahren sind die rechtlichen Grundlagen für das Sabbatical geregelt, und so ist es auch für Arbeitnehmer – zumindest potentiell – möglich, in den Genuss der „Ruhezeit“ zu kommen. Hochschulprofessoren können alle vier Jahre eine Freistellung bekommen; bei Beamten und Arbeitnehmern[3] wird die Auszeit über Arbeitszeitmodelle geregelt, Sabbaticals sind bei ihnen in unterschiedlichen Intervallen möglich.

2 Unterschiedliche Ansätze von Sabbaticals

Mittlerweile gibt es um das Wort „Sabbatical“ herum eine ganze Reihe weiterer Begriffe, die sich insbesondere auf die Länge der Auszeit beziehen. Vom Sabbatjahr spricht man bei einer Pause von zumindest zwölf Monaten, vom Sabbatical, wenn es sich um eine Zeitspanne von drei bis zwölf Monaten handelt. Eine Auszeit von ein bis drei Monaten wird als Kurz-Sabbatical bezeichnet. Auch der Begriff Blockfreizeiten taucht immer häufiger auf. Damit sind kürzere Freiphasen gemeint, die sich von einigen Tagen bis hin zu mehreren Wochen erstrecken können.

Ein Sabbatical ist keinesfalls als Maßnahme zu verstehen, die darauf abzielt, Stellen abzubauen oder ungeliebte Mitarbeiter vor die Tür zu setzen. Einige Unternehmen setzen die Auszeit in wirtschaftlich schwierigen Phasen zwar als Personalplanungsinstrument ein, um keine Mitarbeiter entlassen zu müssen, doch ist die Rückkehr zum Job in der Regel gesichert. Ein Sabbatical ist in den meisten Fällen auch nicht als bloßer „Langzeiturlaub“ zu betrachten (wie dies von vielen getan wird), sondern vielmehr als eine Maßnahme, die beträchtliche Auswirkungen nach sich zieht – sowohl für den Sabbatical-Nehmer als auch für das Unternehmen.

Wenn im Folgenden demnach von „Sabbatical“ die Rede ist, so wird darunter das Modell einer bezahlten oder unbezahlten Auszeit zwischen drei und zwölf Monaten verstanden, die im Normalfall mit einer Arbeitsplatzgarantie verbunden ist. Ein Sabbatical muss jedoch nicht zwingend in Abstimmung und im Einvernehmen mit dem Arbeitgeber erfolgen. Manche nutzen gerade den Wechsel zwischen zwei Arbeitsstellen für eine Auszeit; andere wiederum entschließen sich sogar zur Kündigung, um das

3 Aus Gründen der Lesbarkeit wird sprachlich häufig die männliche Form gewählt. Wie Sie sehen werden, sind nichtsdestotrotz die Frauen in diesem Buch stark vertreten.

Sabbatical wahrnehmen zu können, da nicht alle Firmen und Unternehmen ohne weiteres gewillt sind, die Freistellung auf Zeit zu gewähren.

In jedem Fall steht immer derselbe Gedanke dahinter: Sich aus dem beruflichen Alltag für eine bestimmte Zeit – in der Regel zwischen drei und zwölf Monaten – zu verabschieden, um neuen Aufgaben, Projekten oder Zielen nachzugehen.

Je nach Branche und Unternehmen nennen sich mit dem Sabbatical vergleichbare Freistellungsmodelle mal FlexLeave, mal Timeout. Im Consultant-Gewerbe ist auch der Begriff Leave of Absence gebräuchlich. In allen diesen Fällen handelt es sich um Programme, die es Mitarbeitern erlauben, entweder über Zeitkonten oder schlicht unter Gehaltsverzicht eine Auszeit in begrenztem Umfang in Anspruch zu nehmen.

Das Wichtigste in Kürze:

- Ein Sabbatical ist eine Auszeit vom Job, die zwischen drei und zwölf Monaten dauert und im Normalfall mit einer Arbeitsplatzgarantie verbunden ist.

- In den 60er Jahren nahmen amerikanische Hochschulprofessoren erstmals Sabbaticals in Anspruch. Es folgten die europäischen Hochschulen und in den 80er Jahren die Lehrer und Beamten.

- In der Praxis wird die Auszeit vom Job mit unterschiedlichen Begriffen bezeichnet, zum Beispiel Timeout, FlexLeave, Leave of Absence etc.

III

Motive und Nutzung des Sabbaticals

Am Ende unseres Lebens werden wir nicht die Dinge bereuen, die wir falsch gemacht haben, sondern die Dinge, die wir nicht gemacht haben.

ASIATISCHES SPRICHWORT

1 Projekte und Träume

Wenn unsere Gedanken um einen besonderen Wunsch oder ein bestimmtes Anliegen kreisen, sind wir kaum mehr in der Lage, einen klaren Kopf für die Arbeit zu bewahren und sie mit dem Engagement und der Motivation zu erledigen, die erforderlich ist, um sie gut und erfolgreich zu bewältigen. Manchmal kann es einfach nur ein Wechselfall des Lebens sein, der uns zwingt, uns mit einigen Themen intensiver auseinanderzusetzen. Ein Umzug, der ansteht, oder die Erkrankung eines Familienmitgliedes; was es auch sein mag und aus welchem Grund diese persönliche Neuorientierung bevorsteht – wichtig ist, so damit umzugehen, dass Sie weder im Berufs- noch im Privatleben blockiert sind.

Mit der Vorstellung, eine Auszeit zu nehmen, verbinden die meisten geradezu zwangsläufig den Gedanken an Urlaub, eine Weltreise oder am Strand zu liegen und zu relaxen. Es gibt allerdings noch eine Vielzahl anderer Möglichkeiten und persönlicher Träume, für die man die Auszeit nutzen kann: Womöglich ist es an der Zeit, den Hausbau in Angriff zu nehmen, oder es besteht der Wunsch, sich um die Familie zu kümmern, ein Buch zu schreiben, seinen Interessen zu folgen oder eine berufliche Weiterbildung anzustreben.

Nach einer Umfrage unter 600 Bewerbern, deren Berufserfahrung zwischen null und sieben Jahren lag, würden 55 Prozent das Sabbatical zur Weiterbildung nutzen, 48 Prozent für Reisen, 36 Prozent für die Familie und 10 Prozent für andere Zwecke.[4] Wie sich anhand der Zahlen feststellen lässt, haben die Befragten mehrere Antworten auf die Frage, wie sie ihr Sabbatical nutzen würden, geben können. In der Realität verhält es sich

---

4 Career Company 2001. Die Zahlen sind seit Jahren gleich geblieben, wie sich aus den Ergebnissen von (Teil-)Umfragen feststellen lässt. Deshalb hat die genannte Befragung noch immer Gültigkeit.

ähnlich: Oftmals liegen mehrere Motive für eine Auszeit vor, so dass es teilweise schwerfällt, die Aussagen von Sabbaticalern nur einem Gesichtspunkt zuzuordnen. Man möchte sich beruflich weiterbilden und befindet sich ohnehin in einer Umbruchsphase, oder es gilt, nach einem Burn-out wieder auf die Beine zu kommen. Was man in der Auszeit macht, nutzt man auf der anderen Seite aber auch, um sich einen persönlichen Traum zu verwirklichen: den Segeltörn rund um die Welt, das Praktikum in Spanien, ein Studium in den USA, Entwicklungshilfe in Indien oder zu Fuß über die Alpen wandern. Die Möglichkeiten sind vielfältig.

2 Das Problem „Selbstrechtfertigung“

„Ich musste erst für mich klar sehen, warum ich diese Auszeit brauche.“ „Wichtig für das Gespräch mit dem Chef war, dass ich die Auszeit vor mir selbst rechtfertigen konnte. Hätte ich nur einmal mit der Wimper gezuckt, wäre sie nicht genehmigt worden.“ „Das Gefühl zu haben, dass einem diese arbeitsfreie Zeit zusteht, ist ausschlaggebend.“

Fast alle Sabbaticaler haben ähnliche Erfahrungen gemacht. Die Rechtfertigung einer Frei-Zeit vor sich selbst ist ein Bestandteil im Entscheidungsprozess, um nicht zu sagen, der wichtigste überhaupt. Sie schafft Selbstbewusstsein und damit die Basis für das Argumentationsgerüst gegenüber dem Arbeitgeber, den Kollegen und der Familie. Fehlt sie, wird es kaum zur Genehmigung der Auszeit kommen, weil wir uns durch den sozialen Druck und den Appell an unser Gewissen verunsichern lassen: „Die Kollegen müssen dann die ganze Arbeit mitmachen.“ „Wir können Sie nicht so lange entbehren, schon gar nicht in dieser Phase.“ „Können Sie den Urlaub nicht in mehreren kleinen Stücken nehmen?“ Weil Sie prompt ein schlechtes Gewissen bekommen, sind Sie schon fast geneigt, auf diese Vorschläge einzugehen.

Viele Unternehmen gehen bei ihrer Einstellung zu Auszeiten sehr konservativ von dem Lebensentwurf „Familie“ aus. Fällt ein Mitarbeiter durch Elternzeit oder Ähnliches aus, wird hierfür eine Lösung gefunden. Die Arbeit wird dann je nach Länge der Abwesenheit auf die Kollegen umverteilt, oder man kümmert sich um eine Vertretung. Man kann sich darüber streiten, ob dies in den meisten Fällen aus Familienfreundlichkeit geschieht, oder ob die Gesetzeslage die Arbeitgeber dazu zwingt, sich flexibel zu zeigen. Bei nicht familiengeprägten Lebensentscheidungen scheint es in jedem Fall um einiges schwieriger für Arbeitgeber und Arbeitnehmer zu sein, die gleiche Flexibilität, Offenheit und Solidarität aufzubringen. Stehen Sie jedoch hinter Ihrem Lebensstil, wird auch die Entschlossenheit wachsen, für Ihre Pläne zu kämpfen und die Konsequenzen für Ihre Entscheidung zu tragen. Die meisten Sabbaticaler sind sogar bereit, ihren Job zu kündigen, falls die Auszeit nicht genehmigt wird. Mit dieser inneren Haltung ist es dann aber meist kein Problem, den Chef von den hochfahrenden Plänen zu überzeugen.

Eva Wlodarek: Sabbatical – Auszeit für die Seele

Kleiner Test: Schließen Sie bitte die Augen. Stellen Sie sich vor, Sie treten gerade Ihr Sabbatical an. Von jetzt an keinen Job, keine Kollegen, keinen Chef mehr. Dafür ein großes Maß an Freiraum. Wie geht es Ihnen mit dieser Fantasie? Registrieren Sie bewusst, welche Gedanken Ihnen durch den Kopf schießen. Spüren Sie genau, wie Sie atmen und ob Ihre Muskeln entspannt oder verkrampft sind.

Ihre Reaktion verrät Ihnen einiges über Sie selbst: Wie mutig Sie sind, wie kreativ, wie neugierig, wie interessiert an den schönen Dingen des Lebens. Aber sie sagt auch etwas über Ihre derzeitige Tätigkeit aus – wenn Sie sich bei der Vorstellung, ihr den Rücken zu kehren, deutlich erleichtert gefühlt haben. Dann sollten Sie einmal die folgenden möglichen Ursachen überdenken, ebenso wie den Wert, den ein Sabbatical in diesem Fall besonders für Sie hat.

Sie üben die richtige Tätigkeit aus, aber zu intensiv.

Wenn Sie sich ständig übernehmen, verliert auch die geliebteste Arbeit ihren Glanz. Ausgebrannt haben Sie weder Kraft noch Ideen. Kein Wunder: Ihr (Arbeits-)Leben ist aus dem Gleichgewicht geraten. Wie jedes Gegensatzpaar enthält auch der Kontrast „Anspannung – Entspannung" den Ansatz zum Ungleichgewicht. Bei Ihnen neigt sich die Waagschale bereits zu sehr zur Anspannung. Mit einem Sabbatical bringen Sie die Waagschalen wieder auf gleiche Höhe. Dabei lernen Sie, wie Sie auch nach Ihrer Auszeit besser die Balance halten können. Weil Sie wieder wissen, wie sich Entspannung anfühlt und wie man sie erreicht, werden Sie sie leichter und schneller in den Arbeitsalltag transportieren.

Sie üben die falsche Tätigkeit aus.

James Hillman, Psychoanalytiker Jung'scher Schule, ist der festen Überzeugung, dass es für jeden von uns die Aufgabe gibt, für die wir besonders gut geeignet sind. Leider lassen wir uns durch vernünftige Argumente, Karriereaussichten, Geld und Anerkennung oft auf die falsche Fährte locken. Ein deutliches Zeichen dafür, ob Sie sich am richtigen Platz befinden, ist die generelle Freude, mit der Sie Ihre Arbeit erledigen – und zwar auch dann, wenn Sie sie zwischendurch als anstrengend und schwierig empfinden. Es reicht nicht, dass ein Job nur äußerlichen Gewinn bringt. Wenn Sie Ihre Tätigkeit als wenig sinnvoll empfinden, geraten Sie spätestens nach einigen Jahren in eine seelische Krise, werden unzufrieden oder gar depressiv. Ein Sabbatical gibt Ihnen die große Chance, sich neu zu orientieren. Sie haben die Möglichkeit, ursprüngliche Neigungen wiederzuentdecken, anderes auszuprobieren, notwendige Fähigkeiten zu entwickeln, Ihrer Sehnsucht zu folgen. Vielleicht müssen Sie ja in Zukunft nicht einmal grundsätzlich die berufliche Richtung ändern, sondern nur einen anderen Schwerpunkt setzen. Das alles können Sie während des Sabbaticals in Ruhe herausfinden.

Dr. Eva Wlodarek, Dipl.-Psychologin und Buchautorin.

3 Von Reisen und anderen Projekten

Eine Weltreise zu machen oder längere Zeit in einem bestimmten Land zu leben ist für die meisten von uns eine verlockende Aussicht. Man ruft sich in Erinnerung, wie entspannend und abwechslungsreich der letzte Urlaub verlaufen ist. Aber Vorsicht: Sehr schnell offenbart sich, wie stark sich der Alltag im Ausland von Urlaubssituationen abhebt. Was zwei Wochen lang noch interessant und exotisch erscheinen mag, wird auf die Dauer prompt zur Plage: Seien es Busse, die niemals pünktlich kommen oder völlig überfüllt sind, seien es Menschen, die freundlich lächelnd eine falsche Auskunft geben, weil sie nicht ihr Gesicht verlieren wollen, sei es die Sprache, die man nicht versteht – oder, oder, oder.

Doch das Akzeptieren von Dingen, die man nicht zu ändern vermag, das Sich-Einstellen auf andere Kulturen und das Sich-Zurechtfinden in ungewohnten Situationen ist genau das, was den Sabbaticalern Anstöße gibt. Je mehr das Umfeld im Kontrast zu daheim steht, je krasser sich die Reise- und Lebensweise ändert, desto größer wird der persönliche Gewinn sein. Gegensätze erlauben es uns nämlich, unsere eigene Lebensweise und -einstellung zu spiegeln.

Sie werden erstaunt sein, wie schnell sich Prioritäten und Lebensgewohnheiten ändern und um wie viel bewusster sie werden. Also: Wenn Sie bisher Pauschalurlaube gewohnt waren, versuchen Sie es als Rucksacktourist. Bestimmt haben Sie Freunde oder Bekannte, die schon mit dem Rucksack längere Zeit unterwegs waren. Lassen Sie sich von ihnen beraten. Statt lange Strecken möglichst schnell und bequem mit dem Flieger oder dem eigenen Auto zurückzulegen, sollten Sie versuchen, langsamer zu reisen und öffentliche Verkehrsmittel zu benutzen. Sie werden überrascht sein, wie sehr sich Ihr Reisegefühl verändert: Nun ist das vorrangige Ziel nicht länger, anzukommen, sondern der Weg selbst erhält eine völlig neue Dimension. Angesichts der Zeit und der Mühe, die Sie investiert haben, um an Ihr Ziel zu gelangen, bekommt dieses urplötzlich eine andere Bedeutung für Sie. Sie hatten Zeit, sich gedanklich auf das, was kommt, vorzubereiten. Sie sehen, wie sich Menschen und Landschaften langsam verändern. Das Landesinnere der Türkei erscheint wesentlich weniger exotisch und vielleicht auch weniger unverständlich, wenn Sie zuvor in tage- oder wochenlangem Marsch Ihren Weg über andere Balkanländer nach Süden gesucht haben, anstatt sich in Deutschland in den Flieger zu setzen und in drei Stunden in Ankara zu sein.

Andrea, Verena, Anton und Gabi haben sich beispielsweise diesen Traum vom Langzeiturlaub erfüllt und sind zwischen sechs und zwölf Monate in der Welt unterwegs gewesen.

Andere Projekte sind dagegen sicherlich weitaus weniger spektakulär, und nicht jeder denkt sofort daran, sich dafür eine Auszeit zu nehmen; für den bereits erwähnten Hausbau beispielsweise. Morgens zur Arbeit, abends Verrichtungen am Haus, ebenso wie am Wochenende und im Urlaub. Kaum eine Familie oder Beziehung hält diese extreme Belastung lange aus. Und die Gesundheit und der Job leiden früher oder später auch darunter. Es gibt keine Entspannungszeiten mehr, man kann keinem der drei Lebensbereiche Beruf, Familie/Freunde und eigene Interessen mehr gerecht werden und hat kontinuierlich ein schlechtes Gewissen, nie das geben und leisten zu können, was angebracht und gerechtfertigt wäre. Häufig durch hohe laufende Ausgaben belastet, fällt es obendrein schwer, auf Geld zu verzichten. Auszeit wäre gut, aber nur, wenn das Gehalt weiterläuft. Falls Sie Spaß am handwerklichen Arbeiten haben, sollten Sie sich auch überlegen, welche Kosten einzusparen wären, wenn Sie einige Arbeiten selbst erledigten. Diese Summe könnten Sie den Gehaltseinbußen gegenrechnen, und am Ende kämen Sie vielleicht sogar günstiger weg. Vielleicht wollten Sie auch immer schon mal ein Buch schreiben, ein Buch, das Sie womöglich auch in Ihrem Fachgebiet weiterbringen würde. Oder Sie möchten sich privat weiterbilden, eine Ausbildung als Heilpraktikerin machen, fotografieren lernen, sich für die Teilnahme am Marathon fit machen.

Die Trainerin Helen (30) hat ihre dreimonatige Auszeit genutzt, um zu ihrem Freund in die Niederlande zu ziehen und sich in ihrer neuen Heimat zurechtzufinden. Neben dem Umzug machte sie einen Sprachkurs an der Universität und lernte Holländisch, baute sich einen eigenen Freundeskreis auf und verrichtete all jene Dinge, zu denen ihr sonst wegen ihrer Reisetätigkeit kaum Zeit blieb. „Was ich im Sabbatical erreicht habe, ist mehr, als ich erwartet hatte“, erinnert sich Helen. „Über meine Hobbys und das Erlernen der Sprache habe ich neue Leute kennengelernt, und durch die Suche nach einer Eigentumswohnung kenne ich mich jetzt in Amsterdam bestens aus. Ich fühle mich zu Hause und im Gleichgewicht. Das tut nicht nur der Partnerschaft gut, ich kehre auch überaus zufrieden an die Arbeit zurück.“

In vielen Fällen ist die Familie der Grund für eine Auszeit: Zeit zu haben für den Partner, die Kinder, die Eltern und Geschwister. Einen Teil der Erziehungsaufgaben übernehmen oder einen Angehörigen pflegen kann völlig neue Perspektiven eröffnen und andere Wertvorstellungen vermitteln. Auch eine Auszeit aus familiären Gründen kann für den Job gut und nützlich sein: Bei einem solchen Engagement rücken die sozialen Kompetenzen in den Vordergrund, und die sind im Arbeitsleben oft Mangelware, oftmals leider auch im Management und bei Jobs mit Personalverantwortung.

Die allein erziehende Mutter Petra hat bereits vor vier Jahren ein Arbeitszeitmodell gewählt, in dem sie regelmäßig eine Auszeit einlegen kann. Die 39-Jährige ist Fluggastbetreuerin bei der Lufthansa und arbeitet von Mitte März bis Mitte November Vollzeit. Danach hat sie fünf Monate Zeit, in der sie sich um ihren Sohn, ihre Freunde und Familie und sich selbst kümmern kann. Eine normale Teilzeitstelle käme für sie nicht in Frage, da die tägliche Fahrtzeit zum Einsatzort zu viel Zeit in Anspruch nähme und sie das Gefühl hätte, sich zwischen Beruf und Privatleben „zerreißen“ zu müssen.

Die jetzige Zeitaufteilung erlaube es ihr, sich beiden Lebensbereichen mit voller Energie und von ganzem Herzen widmen zu können. „Nach einer anstrengenden und fordernden Zeit im Service stellen die fünf Monate Frei-Zeit auch die Balance wieder her."

Einige Menschen möchten eine Auszeit vielleicht auch für ein soziales, humanitäres oder gesellschaftliches Engagement nutzen – etwas für die Gemeinschaft tun, andere Werte und Sichtweisen kennenlernen. Das kann Mithilfe in Behinderteneinrichtungen bedeuten, die Arbeit in einem internationalen Workcamp oder die Beteiligung an einem ökologischen Forschungsprojekt. Sich für eine Sache oder Idee ohne eigenen Vorteil zu engagieren schafft ein völlig neues Gefühl für die eigene Persönlichkeit und Integrität. Viele Menschen suchen nach einer Form der Erfüllung, die sie schließlich erst in einem solchen Engagement finden.

Was jedoch soll die persönliche Auszeit für den Arbeitgeber bringen? Welches Interesse, an diesem Strang mitzuziehen, sollte er haben? Die Antwort ist im Grunde sehr einfach: Er gewinnt Mitarbeiter mit einem freien Kopf für die Arbeit sowie neuer Motivation und Energie. Und er vermittelt das befriedigende Gefühl, dass die Firma den eigenen Interessen Raum gibt. Beides wird sich positiv auf die Atmosphäre im Unternehmen, auf Krankheits- und Fehlzeiten und das gegenseitige Miteinander auswirken.

4 Berufliche Weiterbildung

Angesichts starrer Arbeitszeiten, einer Vielzahl an Überstunden und familiärer Verpflichtungen fällt es oftmals nicht leicht, sich Zeit für eine Weiterbildung zu nehmen.

Steht man ständig unter Druck, ist der Kopf nicht frei und das Lernen bereitet keinen Spaß mehr, sondern wird zur Belastung. Gerade langfristige Verpflichtungen werden häufig nach kurzer Zeit aus dem Gefühl der Überlastung heraus abgebrochen; zurück bleiben Frustration und der Eindruck, sehr viel Zeit und Mühe investiert zu haben, ohne dafür belohnt worden zu sein. Es ist oftmals ein Teufelskreis, in dem man sich wiederfindet: Es ist nicht möglich, eine Weiterbildung nebenher zu machen, und damit nimmt man sich auch die lang ersehnte Möglichkeit nach Aufstieg oder Wechsel des Arbeitsplatzes.

„Ich wollte gerne mal wieder wissenschaftlich arbeiten und mich auf ein Thema fokussieren. Deshalb habe ich mich für eine Promotion entschieden. Ich bin Diplom-Ingenieur, und es ist mit Sicherheit sinnvoll, im Beraterbereich eine Zusatzqualifikation im wirtschaftswissenschaftlichen Bereich zu haben. Neben der Arbeit ist eine solche Qualifikation nicht zu schaffen, da die zeitlichen Anforderungen im Job zu hoch sind. Bei meinem Arbeitgeber gab es kein Problem, unbezahlten Urlaub zu bekommen, da Fort- und Weiterbildungen bei uns stark gefördert werden." So nahm Lutz (35), Berater bei Boston Consulting Group, eine Auszeit. Er schrieb in dieser Zeit konsequent an seiner Promotion. Das Thema stand in engem Zusammenhang mit seiner Arbeit, so dass die Firma in hohem Maße an den Ergebnissen der Forschungsarbeit interessiert war.

Die Auszeit zur Aus-, Fort- oder Weiterbildung zu nutzen ist sicherlich die einfachste und beste Argumentation dem Arbeitgeber gegenüber. Wenn die Weiterbildung zudem in einem Bereich liegt, der für das Unternehmen von Nutzen sein kann, stellt dies eine günstige Voraussetzung für die Genehmigung eines Sabbaticals dar. Je nachdem, wie offen Ihr Arbeitgeber für das Thema Weiterbildung ist und wie der Umgang mit Trainingszeiten und -kosten in Ihrem Unternehmen gehandhabt wird, ist das Unternehmen womöglich sogar bereit, einen Teil der Kosten zu übernehmen. Oder es besteht die Möglichkeit, einen Teil der Auszeit auf Ihr „Trainingszeitkonto" zu buchen. Wenn Ihnen beispielsweise jedes Jahr fünf Tage zu Weiterbildungszwecken zur Verfügung stehen oder Sie Anspruch auf Bildungsurlaub haben, können Sie eine Woche des Sabbaticals von Ihrem Arbeitgeber voll bezahlt bekommen. Wer also vier Jahre lang spart, hat schon einen ganzen Monat bezahlte Auszeit gewonnen.

Falls Sie sich für eine berufliche Weiterbildung entscheiden, sollten Sie gemeinsam mit Ihrem Arbeitgeber im Vorfeld klären, wie Ihre Perspektiven danach aussehen. Bietet Ihnen die Firma die Chance, nach dem Sabbatical direkt in eine neue Position einzusteigen? Gibt es die Möglichkeit, Ihr Aufgabenfeld zu erweitern? Können Sie für eine begrenzte Zeit eine Job-Rotation machen, um Erfahrung in anderen Bereichen zu sammeln? Ein solches Gespräch bietet Perspektiven und Sicherheit für beide Seiten. Sie wissen, dass Sie gefördert werden, und Ihr Arbeitgeber kann bei einem attraktiven Angebot darauf vertrauen, dass Sie nach dem Sabbatical wieder ins Unternehmen zurückkehren.

Einige Weiterbildungsmaßnahmen sind nur dann sinnvoll, wenn sie im eigenen Land absolviert werden: Buchhaltungskurse, Ausbildungen mit

Abschlüssen bei der IHK, das nachgeholte Abitur, bestimmte Studienabschlüsse. Wenn Sie für die Maßnahme zu Hause bleiben müssen, ist die Gefahr groß, abgelenkt zu werden, den Fokus zu verlieren und in einen (im Nachhinein unbefriedigenden) Alltagstrott zu gelangen. Freunde und Kollegen wissen, dass man verfügbar ist. Lutz schildert seine Erfahrung mit dieser Situation: „Zu Anfang meiner Auszeit habe ich lauter Dinge gemacht, zu denen ich vorher keine Zeit hatte oder die ich kaum planen konnte. Sport, ins Theater gehen, Freunde treffen. Das war zunächst wunderbar. Nach einigen Wochen merkte ich jedoch, dass ich mich mehr auf die Dissertation konzentrieren musste. Ich setzte mir einen Zeitplan, wann ich was erledigt haben wollte und übte von da ab mehr Selbstdisziplin."

Falls Sie nicht ins Ausland gehen können oder möchten, gibt es vielleicht die Möglichkeit, die Weiterbildung in einer anderen Stadt zu absolvieren. Die räumliche Veränderung hat den Effekt, dass sie unmissverständlich anzeigt, dass es jetzt andere Prioritäten gibt. Wichtig sind der Tapetenwechsel und das Gefühl, einmal von den üblichen Verpflichtungen befreit zu sein. Das gibt den nötigen Freiraum, um für neue Inhalte offen zu sein und kreativ mit ihnen umzugehen.

Im Zuge der Weiterbildung können Sie auch ein Praktikum im Ausland in Betracht ziehen. Oder einige Zeit in Ihrem eigenen Job unter völlig veränderten Bedingungen in einem anderen Land arbeiten. Gerade die berufliche Qualifikation oder praktische Arbeitserfahrung im Ausland macht sich gut in Ihrem Lebenslauf und wird von den meisten Arbeitgebern geschätzt.

Holen Sie sich Rat und Informationen zu in- und ausländischen Weiterbildungsmöglichkeiten bei Kammern, Berufsverbänden, Universitäten und Institutionen, die den Erfahrungsaustausch zwischen den Ländern fördern. Die Vorlaufzeit für beruflich bezogene Auslandsaufenthalte liegt meist bei sechs bis zwölf Monaten; bei Stipendien und besonderen Weiterbildungen kann sie sogar bis zu 18 Monate lang sein.

5 Umbruchs- und Orientierungsphasen

Sandra arbeitete bei einem Pharmaunternehmen. Mit ihrer Ausbildung als Europa-Sekretärin besaß sie dort kaum die Perspektive, jemals etwas anderes zu tun, als Meetings zu organisieren und Reisepläne zu koordinieren. Über ein Jahr lang suchte die 27-Jährige neben der Arbeit nach einem geeigneten und anerkannten Studiengang im Ausland. In dieser Zeit fühlte sich Sandra immer gestresster: „Die ständigen Überstunden, die mir keine Zeit mehr für Freunde und Ablenkung ließen, und die unbefriedigende Arbeit gaben mir immer mehr das Gefühl, geistig abzustumpfen." Die Zeitnot und die Frustration übten sich wiederum hemmend auf die Suche nach dem Studienplatz aus, und Sandra hatte das Gefühl, sich in einer Sackgasse ohne Ausweg zu befinden. Auch ein längerer Urlaub brachte nicht die erhoffte Wirkung. Sie erholte sich zwar, doch wollte die Planung für die Weiterbildung nicht recht vorangehen. Schließlich wurde ihr klar: „Solange ich in der Firma bin, werde ich nicht in der Lage sein, mit freiem Kopf meine Zukunft zu planen".

Sie entschied sich zu kündigen, und nach drei Monaten Frei-Zeit und Ruhepause wusste sie nicht nur, was sie wo studieren wollte, sondern hatte bereits die Aufnahmeprüfung für die Universität bestanden. Ihr körperliches Wohlbefinden verbesserte sich nach der Kündigung eklatant. Sie nahm ab, das Hautbild verbesserte sich erheblich, und nunmehr ist sie wesentlich weniger anfällig für Krankheiten. Zurzeit sitzt sie schwer büffelnd in einer Universitätsbibliothek in Schottland und ist glücklich dabei.

Denn so verhält es sich: Eine Auszeit stellt eine Zäsur in unserem normalen Lebensrhythmus dar und hat deswegen auch immer etwas mit Veränderung, manchmal sogar mit Umbruch zu tun. Man entscheidet sich, aus dem Trott auszusteigen und unabhängig von anderen seinen eigenen Weg zu gehen, und ist bereit, Risiken auf sich zu nehmen und ein Wagnis einzugehen. Wie schon erwähnt spielen beim Gedanken an ein Sabbatical meist mehrere Beweggründe eine Rolle, und das Motiv Veränderung und (Neu-)Orientierung ist in fast allen Fällen mehr oder weniger vertreten.

Viele Menschen verfügen über eine konkrete Vorstellung von der Tätigkeit oder Aktivität, die sie ausüben möchten. Wer noch keine fest umrissene Idee hat, weiß zumindest vom Gefühl her, was ihm Freude macht und ihn erfüllt. Das zeigen unsere Aussagen, wenn wir ins Träumen oder Schwärmen kommen: „Etwas selbst herzustellen und handwerklich tätig zu sein hat mir schon immer gefallen." „Ich möchte so gerne etwas machen, was mit Musik zusammenhängt." Oder: „Wenn ich könnte, wie ich wollte, würde ich sofort nach Spanien ziehen und dort arbeiten."

Die wenigsten allerdings setzen ihre Wünsche in die Tat um. Der Grund mag einerseits sein, dass der Traum unrealistisch ist, dass sich das, wovon man träumt, nicht mit dem vereinbaren lässt, was man kann und wo man steht. Aber: Oftmals gibt es Möglichkeiten, seinem Wunsch etwas näherzukommen; es fehlt allein der Mut, die Umsetzung anzugehen. Eine Auszeit kann Ihnen helfen, zu sehen, was Sie möchten, was realistisch ist, wozu Sie die Energie haben und welche Veränderungen und Konsequenzen Sie zu tragen bereit sind.

Meist ist uns bewusst, dass wir für die Verwirklichung unserer Wünsche und Träume einen Preis zu zahlen haben, und der kann materiell oder immateriell sein. Will ich ein teureres Auto fahren, als ich mir bequem zu leisten imstande bin, kann ich in den nächsten Urlauben vielleicht nur zum Zelten fahren. Entscheide ich mich, meinen Kollegen Grenzen zu setzen, muss ich mit Auseinandersetzungen rechnen. Will ich mein Gewicht reduzieren, so ist für einige Zeit der Verzicht auf Leckereien erforderlich. Vor allem aber sind es unsere nicht gelebten Wünsche und Träume, für die wir einen Preis zahlen müssen. Dies ist uns meist nicht so bewusst, weil sich nichts ändert und „nur" der Status quo aufrechterhalten wird. Doch was ist mit der Energie, die wir brauchen, um unsere Wünsche von uns fernzuhalten oder tagtäglich in einer Situation zu sein, in der wir uns nicht wohlfühlen?[5]

Auch mir selbst hat die Auszeit geholfen, eine berufliche Entscheidung zu treffen, nämlich die, mich selbständig zu machen. Eine Idee, die schon lange in meinem Kopf herumgeisterte, zu deren Verwirklichung ich aber nie den nötigen Mut aufbrachte. Eine Menge Zweifel nagten an mir: Eine gesicherte Position aufgeben? Wieder von vorne anfangen? Vielleicht erfolglos sein und mir dann doch wieder einen Job suchen müssen? Kein Geld und am Ende sogar eine Menge Schulden haben? Ansehen, Status und Komfort aufgeben? Würde ich das schaffen? Und vor allem: Will ich das wirklich?

Nach den 1.000 Kilometern zu Fuß aber war mir eines klar: Ich brauche keine Angst zu haben, mein Ziel nicht zu erreichen; ich bin zu mehr fähig, als ich mir je zugetraut hätte. Mit ganz kleinen Schritten lässt sich auch der höchste Berg bezwingen. Wichtig ist, einerseits das Ziel nicht aus den Augen zu verlieren und andererseits nicht immer nur zum Gipfel zu schauen; denn sonst erscheint uns die Aufgabe unlösbar. Wer vorausschaut, den nächsten Schritt plant, stolpert nicht so leicht und erkennt das Naheliegende. Wenn man dann nach einiger Zeit zurückblickt, stellt man fest, dass schon eine enorme Strecke zurückgelegt und das Ziel gar nicht mehr so weit entfernt ist.

---

5 Wer mehr über die „Spielregeln des Lebens" erfahren möchte, dem kann ich Eva Wlodareks gleichnamiges Buch empfehlen.

Wie oft passiert es, dass uns ein Schicksalsschlag aus der Bahn wirft? Ein naher Verwandter ist schwer erkrankt oder verstorben, eine langjährige Beziehung droht auseinanderzubrechen. Sie benötigen Zeit, um die Erlebnisse zu verdauen und zu erkennen, wie damit am besten umzugehen ist. Dann gönnen Sie sich, Ihrem Geist, Ihrem Körper und vor allem auch Ihrer Seele Zeit, Pflege und Aufmerksamkeit. Während einer Auszeit bekommt man oft einen Spiegel vorgehalten, oder man hat den Mut, sich selbst und sein Leben genauer und ohne schützende Vorbehalte zu betrachten. Das kann befreiend sein, ist im ersten Moment aber auch oft schmerzhaft. Man gibt Altes auf und muss Abschied nehmen, um Platz für Neues zu schaffen. Oft fühlt man nur, dass es Zeit für eine Veränderung ist, ohne genau zu wissen, wie diese aussehen kann.

Eine Auszeit kann auch die Möglichkeit zum Rollenwechsel bedeuten. Unser Umfeld und auch wir selbst reduzieren uns gerne auf ein bestimmtes Bild, um uns leichter einschätzen und einordnen zu können. Gerade wenn Sie Ihre gewohnte Umgebung verlassen und sich in einem neuen Umfeld wie zum Beispiel einem anderen Land bewegen, sind Sie von altem Ballast („Der ist so und so“ und „Die war immer schon so“) befreit. Sie sind gewissermaßen ein unbeschriebenes Blatt und werden unter Umständen von Ihrer Außenwelt ganz anders wahrgenommen als zu Hause.

Die Polizeibeamtin Verena sah sich immer in der Rolle der gestylten Frau, die ständig unterwegs und überall dabei ist. Während ihrer Weltreise erkannte sie, dass sie diesem Bild in keiner Weise entsprach und es auch gar nicht wollte. Sie war in der Lage, ihre ruhige und zurückhaltende Seite zu zeigen, und sie stellte fest, dass sie manchmal gerne alleine ist. Andrea, als Assistentin der Geschäftsleitung dafür zuständig, alles zu organisieren und den Überblick zu bewahren, erfuhr im Sabbatical, dass sie nicht alles so perfekt machen muss und dass andere ihr auch gerne helfen, ihr etwas abnehmen und sie unterstützen. Mir selbst haftete zu Hause das Image der resoluten Managerin an, die alles regelt und ständig unterwegs ist. Auch ich wurde auf meiner Wanderung von den Menschen ganz anders wahrgenommen. Ich war die junge, zurückhaltende Frau, die lachen und weinen konnte, der man helfen und die man beschützen wollte. Solche Erfahrungen tun uns gut, weil sie es uns ermöglichen, einmal unsere anderen Seiten zu leben. Nutzen Sie den Schutzraum des Sabbaticals, um neue Rollen ohne Konsequenzen auf ihr berufliches oder privates Umfeld auszuprobieren.

Allerdings kann es durchaus vorkommen, dass Sie nach einem Sabbatical feststellen, dass das, was Sie haben und tun, Ihnen teuer und wertvoll ist und dass Sie es gerne behalten und ausbauen möchten. Aber auch dann hat eine Veränderung stattgefunden, und zwar in Ihnen selbst. Sie werden gewandelt an die gleiche Situation herangehen, weil Sie jetzt schätzen, was Sie haben, und Ihre Motivation, Ihr neues Selbstverständnis entsprechend einbringen. Und durch Ihre veränderte Wahrnehmung der Realität wird sich zwangsläufig auch etwas in Ihrer Umwelt verändern.

Es gibt einen einfachen Test, mit dem Sie feststellen können, ob das, was sie machen und wie Sie leben, Sie zufriedenstellt, oder ob diese oder jene Entscheidung für Sie die richtige ist: Wenn dies eine Ihrer letzten Wochen auf dieser Welt wäre – was würden Sie tun? Könnten Sie mit dem, was Sie tun und wie Sie leben, beruhigt gehen? Wären Sie zufrieden? Ohne bei dem Gedanken in Panik zu verfallen, dass vielleicht alles bald zu Ende sein könnte und man unbedingt dieses oder jenes noch machen möchte, erhält man eine gute Rückmeldung, welche Dinge wirklich zählen.

6 Überlastung und Burn-out

Burn-out – allein schon das Wort ruft bei vielen Magendrücken und Angstzustände hervor. Keiner möchte mit dem Syndrom in Verbindung gebracht werden, um nicht in den Verdacht zu kommen, womöglich daran erkrankt zu sein. In einer Gesellschaft, in der Leistung und Status Eckpfeiler des sozialen Ansehens sind, ist das Eingeständnis der Überlastung mit weitreichenden Folgen für das Eigen- und Fremdbild verbunden. Was ist Burn-out überhaupt? Der Begriff heißt übersetzt „Ausgebrannt sein" und beschreibt den inneren Zustand der Betroffenen. Ursprünglich wurde er für Belastungs- und Erschöpfungszustände von Angehörigen helfender Berufe benutzt, die über eine längere Zeit nicht mehr in der Lage waren, die notwendige professionelle Distanz zu ihren Patienten und Klienten aufrechtzuerhalten. Die Helfer nehmen deren Probleme, Sorgen, Nöte mit nach Hause, machen sie gewissermaßen zu ihren eigenen.

Heute beschreibt Burn-out das Endresultat einer lang andauernden Stresssituation. Je nach Beruf und Persönlichkeit macht sich der Zustand unterschiedlich bemerkbar. Es kann sich im Gefühl von Über- oder Unterforderung äußern, im Fehlen kreativer Ideen, in andauernder Müdigkeit, in Energie- und Antriebslosigkeit, in Unlust oder der fortwährenden Suche nach dem Sinn der eigenen Tätigkeit. Mit immer mehr Kraftaufwand lässt sich scheinbar immer weniger erreichen. Das Gefühl von Erholung fehlt; Freude an der Arbeit und am Privatleben stellt sich nicht mehr ein.

„Bei einer normalen Überanstrengung freut man sich auf das Wochenende und darauf, dass man dann keine Termine hat und endlich machen kann, wozu man Lust hat. Beim Burn-out sind auch Verabredungen mit Freunden nur noch Termine und werden als anstrengend und störend empfunden. Da sich Erschöpfungszustände meist allmählich und schleichend einstellen, werden sie uns oft erst durch starke körperliche Signale bewusst. Schlafstörungen werden von den Betroffenen mit Schlaftabletten und übermäßigem Alkoholkonsum bekämpft. Die Symptome können sich zu psychosomatischen Störungen, zu Migräne und Depression ausweiten", so die Zustandsbeschreibung der Psychologin Marion Semelka.

Als ich den Geschäftsführer und Familienvater Oliver fragte, ob er sich für die Auszeit auch aus dem Gefühl der Erschöpfung heraus entschieden habe, verneinte er erst. Nach längerer Unterhaltung jedoch gestand er ein: „Nein, das stimmt nicht. Ich war einige Monate zuvor im Schlaf ohnmächtig geworden, und da haben wir uns schon Gedanken gemacht. Ich glaube, ich war physisch erheblich ausgepowert."

Wenn man merkt, dass etwas nicht stimmt, man mit seinem Leben nicht mehr zufrieden ist und nur noch seine Ruhe haben möchte, erfordert der Schritt, ein Sabbatical zu nehmen, viel Mut. Oft ist es der Mut des Verzweifelten, weil man das Gefühl hat, dass es nur noch weiter abwärts geht und man die Spirale anhalten muss. Um das Ruder herumzureißen und sich selbst zu schützen, scheint manchem nur noch die Kündigung zu bleiben.

Wie Anne, die 33-jährige Werbekauffrau, die nach Jahren mit Überstunden, Wochenendarbeit und kontinuierlich hohem Einsatz – „Es war wie ein nicht enden wollender Marathonlauf" – im Grunde nur noch aufgeben wollte. Ihr Arbeitgeber war bestrebt, sie zu behalten, und bemühte sich gemeinsam mit ihr um eine Lösung – und die sah folgendermaßen aus: Anne nahm eine dreimonatige Auszeit. Und dann trat ein, was nicht ungewöhnlich ist bei Burn-out-Fällen: Obwohl die Belastungen weggefallen waren, brach jetzt der körperliche Erschöpfungszustand durch. Anne wurde krank, noch bevor sie die ersehnte Reise nach Südamerika antreten konnte. Der Zusammenbruch erfolgt in der Regel dann, wenn der Auslöser wegfällt und der Druck nachlässt. In Südamerika hatte sie sich halbwegs regenerieren können, obwohl sie noch einige Zeit benötigte, um die Kraftlosigkeit endgültig abzuschütteln. Den Rest ihrer Auszeit verbrachte sie schlicht zu Hause und machte all das, wozu sie sonst kaum Gelegenheit fand: Freunde sehen, lesen, ausgehen und Sport treiben. Danach arbeitete sie bei ihrem alten Arbeitgeber weiter. Die Erlebnisse des Sabbaticals und die Veränderungen der letzten Zeit waren ihr noch anzumerken. „Es wird sich noch mehr verändern, aber darüber möchte ich noch nicht sprechen", meinte sie am Ende unseres Gesprächs. Drei Monate später teilte sie mir per E-Mail mit, dass sie gekündigt habe und nun erst einmal für einige Wochen „auf die Insel" verschwinden werde.

Falls Sie sich nicht sicher sind, ob Sie einem Burn-out nahe sind, sprechen Sie zunächst einmal mit Ihrem nahen Umfeld über das Thema Überlastung. Zum einen können Familie und Freunde Ihnen meist recht gut sagen, ob Sie sich in der letzten Zeit verändert haben. Zum anderen werden Sie erstaunt sein, wie viele Menschen in Ihrer Umgebung mehr oder minder selbst von Überlastung betroffen und auch gerne bereit sind, über ihre eigenen Sorgen und Erfahrungen zu sprechen.

Wenn Sie vermuten, von einem Burn-out betroffen zu sein, sollten Sie sich professionelle Hilfe bei einem psychologisch ausgebildeten Therapeuten holen. In einer solchen Situation ist es nicht empfehlenswert, direkt mit dem Chef über eine etwaige Auszeit zu sprechen. Sie sind nicht im Vollbesitz Ihrer Kräfte und würden das Gespräch mit dem Vorgesetzten wohl kaum aus einer annähernd gleichberechtigten Position heraus führen können. Wer möchte schon gerne zugeben, dass ihn der Job oder die Arbeitsatmosphäre dermaßen belasten? Sich bei einem solchen Gespräch nicht als Versager vorzukommen, ist schwierig.

Die Psychologin Marion Semelka rät deshalb: „Als allererstes brauchen Sie einfach mal Zeit und Abstand. Nur aus der Distanz heraus sind Sie in der Lage, sich Gedanken zu machen, wie es weitergehen soll." Versuchen Sie, etwas langsamer zu treten, um wieder auf die Beine zu kommen. Vielleicht können Sie Ihre Arbeitszeiten nach und nach reduzieren und sich regelmäßig in der Woche Auszeiten einplanen, um sich zunächst physisch, dann aber auch psychisch zu regenerieren. Suchen Sie sich Unterstützung bei Freunden und anderen Betroffenen. Wichtig ist, dass Sie den Mut finden, über Ihre Situation zu sprechen und Ihnen bewusst wird, dass Sie bei weitem nicht der Einzige sind, der erschöpft ist. Die Vorbereitungen für ein Sabbatical – und besonders die gedanklichen – erfordern anschließend viel Zeit.

Das Wichtigste in Kürze:

- Am häufigsten werden Auszeiten zu Weiterbildungszwecken genutzt. An zweiter Stelle steht die Verwirklichung von persönlichen Projekten und Träumen. Als Motive für die Auszeit folgen Umbruchs- und Orientierungsphasen sowie Überlastungssituationen wie der Burn-out.

- Häufig überlappen sich die Motive für den Wunsch nach Auszeit.

- Nur wenn Sie selbst davon überzeugt sind, dass eine Auszeit für Sie und Ihren Arbeitgeber sinnvoll ist, werden Sie überzeugend auftreten können.

IV

Formale Aspekte und Voraussetzungen für ein Sabbatical

Er bitte um die Einführung eines achten Wochentages, schrieb 1992 ein offenbar überarbeiteter Bürger an den Petitionsausschuss des Deutschen Bundestages. Nur so könne er endlich die Zeit finden, einmal pro Woche seine „Seele baumeln zu lassen". Das Ansinnen verschwand nicht etwa kommentarlos im Papierkorb. Vielmehr riet ihm der für die Beschwerden und Nöte des einzelnen Bürgers zuständige Ausschuss, sich zum Entspannen einen der jetzt schon verfügbaren sieben Wochentage auszusuchen.[6]

1 Gesetzliche Rahmenbedingungen

Grundsätzlich kann jeder ein Sabbatical einlegen – gleichgültig, ob Selbständiger, Arbeitnehmer oder Beamter. Allerdings hat man in Deutschland, Österreich und der Schweiz per Gesetz keinen allgemein gültigen oder etwa einklagbaren Anspruch auf eine Auszeit. Dies verhält sich in einigen europäischen Nachbarländern durchaus anders. Frankreich beispielsweise hat im Code du Travail festgelegt, dass jeder Arbeitnehmer nach sechs Arbeitsjahren einen Anspruch auf ein „congé sabbatique" hat. Um die Auszeit beim aktuellen Arbeitgeber beantragen zu können, muss dieser eine gewisse Größe aufweisen. Zudem ist es erforderlich, dass der Mitarbeiter zumindest drei Jahre lang in dem betreffenden Unternehmen gearbeitet hat.

In Deutschland gibt es lediglich gesetzliche Regelungen, die den Ausstieg erleichtern. Für Beamte bestehen Regelungen hinsichtlich längerer Auszeiten seit Anfang 1997; für alle anderen Arbeitnehmer sind gesetzliche Regelungen zur flexiblen Arbeitszeitregelung von 1998 und 2001 relevant.

Für Arbeitnehmer ist die Möglichkeit eines Sabbaticals seit Mai 1998 durch das Gesetz zur sozialrechtlichen Absicherung flexibler Arbeitszeitregelungen gegeben. Im Januar 2001 wurde dann das weiter reichende Gesetz zu Teilzeitarbeit und befristeten Arbeitsverträgen verabschiedet, das die Rechte von Arbeitnehmern auf Verkürzung oder Verlängerung ihrer individuellen Arbeitszeit regelt. Erstmals ist mit diesem Gesetz ein gesetzlicher Anspruch auf Teilzeitarbeit gewährleistet, der auch nicht mit der Wahrnehmung von familiären Pflichten begründet sein muss.

---

6 Quelle: www.zitate.de.

Wenn Sabbaticals über Jahresarbeitskonten geregelt sind, fallen sie als Sonderform der Teilzeitarbeit unter das Teilzeitarbeitsrecht. Voraussetzung für diesen Teilzeitanspruch ist, dass das Arbeitsverhältnis bereits länger als sechs Monate besteht und der Betrieb eine bestimmte Größe aufweist, das heißt, dass er mehr als 15 Mitarbeiter beschäftigt.[7] Nur im Einzelfall kann Ihr Chef die Verringerung der Arbeitszeit oder deren gewünschte Verteilung aus betrieblichen Gründen ablehnen; diese Gründe müssen rational und nachvollziehbar sein. Haben Sie einen schriftlichen Antrag drei Monate vor dem Beginn der geänderten Arbeitsbedingungen gestellt, und Ihr Chef hat sich bis spätestens einen Monat vor der Änderung der Arbeitszeit noch nicht – schriftlich – ablehnend geäußert, gilt der Antrag als angenommen. Einen neuen Antrag auf Arbeitszeitverringerung können Sie erst wieder nach zwei Jahren stellen, und dies unabhängig davon, ob der erste angenommen oder abgelehnt wurde.[8]

Beim Jahresarbeitszeitvertrag wird eine konstante Vergütung angestrebt, das heißt der Verdienst wird, über das Jahr verteilt, in gleichbleibenden monatlichen Raten gezahlt. Dies ist vor allem deshalb wichtig, weil es einen kontinuierlichen sozialversicherungsrechtlichen Schutz mit sich bringt. Will man ein dreimonatiges Sabbatical in Anspruch nehmen, könnte dies so aussehen, dass man neun Monate 100 Prozent arbeitet und drei Monate Frei-Zeit hat. Das Gehalt, das man in den ersten neun Monaten verdient, wird auf zwölf Monate aufgeteilt, das heißt, man erhält zwölf Monate lang 75 Prozent seines Gehaltes.

Werden Sie während der Auszeit krank, bekommen Sie weiterhin Ihr Gehalt und haben auch Anspruch auf Krankengeld. Falls die Krankheit länger andauert, ist eine Krankmeldung an den Arbeitgeber erforderlich. Werden Sie während des unbezahlten Urlaubs krank, haben Sie keinen Anspruch auf Lohnfortzahlung.

Die genauen rechtlichen Rahmenbedingungen für Arbeitnehmer und Arbeitgeber können kostenlos beim Bundesministerium für Arbeit und

7 Vgl. Gesetz über Teilzeitarbeits- und befristete Arbeitsverträge (Teilzeit- und Befristungsgesetz) § 8.

8 Ihren Anspruch auf Teilzeitarbeit können Sie unter www.focus.de/jobs oder in der Broschüre „Teilzeit – Neue Perspektiven" testen.

Sozialordnung bestellt oder unter www.teilzeit-info.de nachgeschaut werden.[9]

Sabbaticals in der Schweiz und in Österreich

Auch in diesen beiden Ländern gibt es keinen rechtlichen Anspruch auf das Sabbatical. Zeitansparmodelle wie in Deutschland sind in beiden Ländern weitgehend unbekannt, und bezahlte Auszeiten sind lediglich für den „Militärdienst" und den „Mutterschutz" vorgesehen. Unbezahlten Urlaub von bis zu einem Jahr zu nehmen stellt dagegen meist kein Problem dar. Bei einigen Unternehmen wie der Bank Austria ist die Freistellung zweckgebunden und kann nur für eine Aus- und Weiterbildung, eine politische Tätigkeit oder ein soziales Jahr genutzt werden. Will man aus persönlichen Gründen ins Sabbatical, um sich beispielsweise den Traum von der Weltreise zu erfüllen, ist die Wahrscheinlichkeit, dass man kündigen muss, recht groß.

So erging es beispielsweise Alexandra und Peter aus der Schweiz. Sie wollten ein Jahr lang die Welt kennenlernen. Als sie ihre Chefs nach der Auszeit fragten, hatten sie ihr Kündigungsschreiben schon in der Hand. Beide waren beim gleichen Arbeitgeber, einem großen Konsumgüterhersteller, beschäftigt. Der Marketingfrau Alexandra wurde sofort die Möglichkeit angeboten, nach ihrer Rückkehr im Konzern wieder anzufangen. „Ich war eine der wenigen Frauen in Führungspositionen, und mein Aufgabenbereich ermöglicht mir vielfältige Einsatzmöglichkeiten", erklärt sie die Reaktion ihres Arbeitgebers. Für Peter gestaltete sich dies etwas schwieriger: Als Controller sah man in seiner Abteilung nicht die Möglichkeit, ihm diese Zusicherung zu machen, zumal sich Teile des Konzerns noch in der Umstrukturierung befanden.

„Das Schwierigste an der ganzen Sache waren allerdings die Versicherungen. Hier wusste niemand richtig Bescheid, und wir mussten alle Fragen selbst klären", berichtet Alexandra. „Besonders wichtig war für uns

9 Für diejenigen, die spezifische Angaben zu den gesetzlichen Grundlagen der Flexibilisierung der Arbeitszeit benötigen und sich zudem über die gesetzlichen Regelungen im Fall von Insolvenz des Arbeitgebers oder Tod des Arbeitnehmers während des Sabbaticals informieren wollen, empfiehlt sich folgender Artikel: Jens Müll: Flexible Arbeitszeiten und ihre soziale Absicherung, Zeitschrift für Tarifrecht 3/2000.

die Pensionskasse, das ist die Rentenversicherung in der Schweiz. Wir hätten die Beiträge zwar auch selbst einzahlen können, doch wären die Leistungen nicht so gut gewesen, als wenn wir das über unseren Arbeitgeber gemacht hätten. Die Firma hat sich dann bereit erklärt, unsere beiden Beiträge weiter über das Unternehmen laufen zu lassen."

Informationen und Rat zum Thema Sabbatical bekommt man in der Schweiz über die Verbraucherinformation „Beobachter".[10] Telefonisch und per E-Mail kann man Fragen zum Themenkreis Arbeit und Sozialversicherung stellen. Zudem hat der Beobachter-Buchverlag das Handbuch „Time-Out – Ausstieg auf Zeit" herausgebracht. Das Buch macht Mut und zeigt, worauf es ankommt, damit eine Auszeit gelingt: Organisation, Finanzierung, Versicherungen und Rechtliches. Mit vielen Beispielen, Tipps und Checklisten.

Aufgrund ihrer Erfahrungen ist Alexandra auch gerne bereit, anderen sabbaticalwilligen Schweizern mit Rat zur Seite zu stehen. Sie ist über die Adresse sabbaticals@imanent.de erreichbar.

Für Österreich sind Informationen und telefonische oder persönliche Beratung über die Arbeiterkammern erhältlich. Eine gute Hilfestellung stellt außerdem das Buch „Mut zur Auszeit: Mit Sabbatical, Langzeiturlaub und Ausstieg auf Zeit zu mehr Lebensqualität und neuen Perspektiven. Programm Österreich." von Christa Langheiter dar.

2 Der Sabbatical-Vertrag

Neben den verschiedenen Gesetzen, die generell ein Sabbatical ermöglichen, sollte in jedem Fall eine schriftliche Vereinbarung mit Ihrem Arbeitgeber vorliegen. Diese sollte klären, zu welchen Konditionen Sie gehen können und was Sie bei der Rückkehr erwartet, wie viel Sie vorarbeiten müssen und wie hoch die Vergütung während der Auszeit ist. Ferner, ob Sie bei Ihrer Rückkehr wieder an den gleichen Arbeitsplatz kommen oder eine ähnliche, aber gleichwertige Aufgabe angeboten bekommen. Ihr Arbeitgeber wird vermutlich noch auf einer Klausel zum Wettbe-

---

10 Infos auch in Beobachter 18/01 „*Extra Weniger Stress*" und „*Ohne Vorbereitung läuft nichts: Wie Sie Auszeit und Wiedereinstieg planen*" auf www.beobachter.ch.

werbsverbot bestehen, die besagt, dass Sie während der Auszeit nicht für die Konkurrenz tätig werden dürfen. Bei unbezahltem Urlaub sollte festgehalten sein, wer für die Sozialversicherungsbeiträge aufkommt und inwieweit Ihnen betriebsinterne Leistungen während dieser Zeit zustehen oder der Anspruch darauf erhalten bleibt. Damit sich beide Seiten sicher fühlen können, sollte auch bei einer kürzeren Abwesenheit eine schriftliche Vereinbarung vorliegen.

Checkliste Sabbatical-Verträge:

- Zeitraum des Sabbaticals.
- Um welche Art der Freistellung handelt es sich (bezahlt oder unbezahlt)?
- Betriebliche Ansparkomponenten: Was wird alles angerechnet (Urlaubs- und Überstunden, Zeitzuschläge, Gratifikationen, Erfolgsbeteiligungen etc.)?
- In welchem Umfang und Zeitraum wurde vorgearbeitet beziehungsweise wird nachgearbeitet?
- Vergütung während der Freistellung.
- Vereinbarung über Aufgabe und Position nach dem Sabbatical.
- Evtl. Wettbewerbsklausel.

Zusätzliche Punkte bei unbezahltem Urlaub:
- Regelung zur Sozialversicherung.
- Regelung zur betrieblichen Altersversorgung und anderen freiwilligen Leistungen des Unternehmens.

Die Siemens AG ergänzt während des Sabbaticals die Arbeitsverträge der Mitarbeiter um einen zusätzlichen Sabbatical-Vertrag. Die Vereinbarung des Konzerns mit den Sabbaticalern sieht folgendermaßen aus:

Sabbatical-Vertrag

Sehr geehrte(r) Frau/Herr ______________________________

wie mit Ihnen besprochen, ändern wir Ihren Arbeitsvertrag für die Zeit vom XX.XX.XX bis XX.XX.XX in einen Sabbatical-Vertrag mit Arbeitsphase und Freizeitblock. Sie werden von uns für diese Zeit als Teilzeit-Mitarbeiter(in) geführt.

Unserer Vereinbarung entsprechend, beträgt Ihr Freizeitblock X aufeinander folgende, volle Kalendermonate. Geplant ist der Zeitraum von XX.XX.XX bis XX.XX.XX. Eine Verlegung ist im Einvernehmen mit Ihrer Führungskraft in der Regel bis zum sechsten Monat vor dem geplanten Termin möglich, sofern der gesamte Freizeitblock innerhalb der Laufzeit dieses Sabbatical-Vertrages liegt und die unten ausgeführte Zuweisung eines Teils Ihres Urlaubs noch möglich ist.

Ihre Wochenarbeitszeit bleibt während der Arbeitsphase unverändert.

Während der gesamten Laufzeit Ihres Sabbatical-Vertrages bleibt Ihr (Teilzeit-)Entgelt konstant. Es beträgt XX,XX Prozent des jeweiligen Bruttovollzeitentgeltes. Bezüglich der Zusammensetzung bleibt es bei der bisherigen vertraglichen Regelung.

Sämtliche nicht in Geld gewährten Zusatzleistungen bleiben Ihnen in vollem Umfang erhalten.

Der Umfang Ihres Erholungsurlaubs bleibt unverändert, wobei in dem Kalenderjahr, in dem ein Freizeitblock vorgesehen ist, pro Freizeitmonat 1/12 Ihres Urlaubs dem Freizeitblock zugewiesen wird. Bestehen Ansprüche auf zusätzliches Urlaubsgeld, wird dieses während des Freizeitblocks ausgezahlt.

Damit haben Sie – vorbehaltlich tarifvertraglicher Änderungen – zur freien Urlaubsdisposition zur Verfügung:

für das Jahr 2009 .... Tage
für das Jahr 2010 .... Tage
für das Jahr 2011 .... Tage

Im Übrigen bleiben örtliche Arbeitszeitregelungen (insbesondere etwaige sich aus Gleitzeitbetriebsvereinbarungen ergebende Spielräume) unberührt.

Sind in Ihrem derzeitigen Arbeitszeitmodell Frei- oder Ausgleichsschichten anzahlmäßig vorgegeben, kommt die gleiche Regelung wie beim Urlaub zum Tragen.

Sowohl in der Arbeitsphase als auch während des Freizeitblocks wird durch Arbeitsunfähigkeit keine Veränderung (hier: Verschiebung) der vereinbarten Zeiträume herbeigeführt.

Nach Ablauf dieses Sabbatical-Vertrages arbeiten Sie – vorbehaltlich anderer Vereinbarungen – mit Ihrer gewohnten Arbeitszeit und in Ihrer alten Funktion.

Mit freundlichem Gruß

Siemens Aktiengesellschaft

Datum/Unterschrift Mitarbeiter(in)

Umfragen bei Siemens-Mitarbeitern, die ein Sabbatical in Anspruch nehmen, zeigen, dass dieses häufig für die private Weiterbildung genutzt wird. Der Mitarbeiter erhält während des Sabbaticals einen ergänzenden Sabbatical-Vertrag. Nach Beendigung des Sabbatical-Vertrages gelten automatisch die vorherigen Arbeitsbedingungen. Das Sabbatical ist also ein zeitlich befristetes Teilzeitmodell, aus dem der Mitarbeiter immer wieder zurückkehren kann. Natürlich kann er im Anschluss hieran einen weiteren Sabbatical-Vertrag abschließen beziehungsweise ein anderes Teilzeitmodell in Anspruch nehmen.

Die Möglichkeit eines Sabbaticals steht allen Mitarbeitergruppen zur Verfügung. Die einzige Voraussetzung ist ein unbefristetes Beschäftigungsverhältnis und eine sechsmonatige Firmenzugehörigkeit.

Das entscheidende Instrument bei der Regelung von Freistellungszeiten ist das sogenannte Arbeitszeitkonto. Darauf kann der Mitarbeiter Überstunden, Mehrarbeit und nicht genutzte Urlaubszeiten sowie in Zeit umgewandelte Sonderzahlungen (z.B. Urlaubsgeld, Weihnachtsgeld, Erfolgsbeteiligungen) ansparen. In der Auszeit wird dieses Guthaben dann „abgefeiert". In welchem Rahmen Arbeitszeit angespart werden kann, ist von Unternehmen zu Unternehmen unterschiedlich. Im Idealfall kann es sein, dass sich das gesamte Sabbatical über das Arbeitszeitguthaben finanzieren lässt. Falls Sie die komplette Auszeit in der oben erwähnten Art und Weise ansparen können, ist es, als hätten Sie ganz normal Urlaub. Sie bekommen weiterhin Ihr Gehalt und sind über den Arbeitgeber voll versichert; hinsichtlich rechtlicher Fragestellungen brauchen Sie sich keine Gedanken zu machen.

Eine andere Variante ist, für das Arbeitszeitkonto vor- beziehungsweise nachzuarbeiten. Bei der zeitlichen Vorfinanzierung erfüllt der Mitarbeiter weiterhin 100 Prozent der vereinbarten Arbeitszeit, erhält dafür aber weniger Gehalt.[11] Je nachdem, wie lange er wegbleiben möchte, verzichtet er auf Gehalt. Pro Monat Auszeit bekommt man ein Zwölftel des Jahresgehaltes abgezogen. Möchten Sie drei Monate abwesend sein, bekommen Sie ein Jahr lang nur noch 75 Prozent der Bezüge ausgezahlt. Planen Sie Ihr Sabbatical länger im Voraus, können Sie die Gehaltsminderung bequem auf mehrere Jahre verteilen. Bei vielen Firmen ist ein Vorarbeiten oder Gehaltsverzicht generell nur auf mehrere Jahre verteilt möglich. Neben der leichteren Planbarkeit gibt es einen weiteren praktischen Vorteil für die Beschäftigten: Die fünf verschiedenen Sozialversicherungen können im Sabbatical so weiterlaufen wie in der Vollbeschäftigung.[12]

Und drittens schließlich ist es möglich – soweit der Arbeitgeber einverstanden ist –, die Auszeit als unbezahlten Urlaub zu nehmen. Da Sie in diesem Fall keine kontinuierliche Vergütung mehr erhalten, gibt es hinsichtlich der Sozial- und Krankenversicherung einiges mehr zu beachten, um

11 Ein Modell, das in die gleiche Kategorie fällt, ist, Mehrarbeit zum gleichen Gehalt zu leisten. Sie verfügen zum Beispiel über einen Arbeitsvertrag von 38 Stunden und haben mit Ihrem Arbeitgeber vereinbart, dass Sie regelmäßig 42 Stunden arbeiten. Wöchentlich werden Ihnen dann vier Arbeitsstunden auf Ihr Zeitkonto gutgeschrieben.

12 Im genannten Fall werden Sie während der Ansparphase und während des Sabbaticals als „Teilzeitmitarbeiter" geführt.

den Versicherungsschutz und sonstige Ansprüche nicht zu verlieren. Genaueres dazu erfahren Sie im folgenden Kapitel.

Ob Zeit sammeln über das Arbeitszeitkonto, unbezahlter Urlaub, Vor- oder Nacharbeiten: Es existieren eine Fülle von Möglichkeiten, die auch untereinander kombinierbar sind.

4 Sozialversicherung

Insgesamt gibt es fünf verschiedene Sozialversicherungszweige mit den entsprechenden Versicherungsleistungen:

- (Gesetzliche) Rentenversicherung mit Maßnahmen zur Rehabilitation, Alters-, Erwerbsminderungs- und Hinterbliebenenrente,
- (gesetzliche) Krankenversicherung,
- (gesetzliche) Pflegeversicherung,
- Arbeitslosenversicherung,
- (gesetzliche) Unfallversicherung.

Sabbaticals gelten als Teil eines versicherungspflichtigen Beschäftigungsverhältnisses, solange Sie die Auszeit nicht als unbezahlten Urlaub handhaben. Kranken-, Arbeitslosen-, Renten-, Unfall- und Pflegeversicherung laufen demnach wie gewohnt weiter. Damit der Sozialversicherungsschutz erhalten bleibt, müssen bestimmte Voraussetzungen erfüllt sein:

- Der Freistellung muss eine schriftliche Vereinbarung zugrunde liegen.
- In der Auszeit muss ein Arbeitsentgelt fällig sein, das mit einer vor oder nach der Freistellungsphase erbrachten Arbeitsleistung erzielt wurde oder wird.
- Das Arbeitsentgelt muss monatlich über 400 Euro liegen.
- Die Höhe der Zahlungen darf nicht unangemessen vom Verdienst der letzten zwölf Monate abweichen. Als unangemessen gelten weniger als 70 Prozent des letzten Jahreseinkommens.

Wollen Sie also über den Arbeitgeber sozialversichert bleiben, hat dies gewisse Konsequenzen für die Planung der Auszeit. Wenn Sie die Frei-Zeit in nur einem Jahr vorarbeiten möchten, können Sie maximal drei Monate frei bekommen. Sie erhielten dann 25 Prozent weniger Arbeitsentgelt und lägen damit über den mindestens geforderten 70 Prozent. Möchten Sie ein ganzes Jahr frei haben und in jedem Fall über die Firma sozialversichert bleiben, müssen Sie demnach vier Jahre im Voraus ansparen.

Nehmen Sie unbezahlten Urlaub, meldet Sie der Arbeitgeber für die Zeit des Sabbaticals beim Versicherungsträger ab. Waren Sie vorher gesetzlich versichert, gelten Sie dann als freiwillig versichert und bezahlen unter Umständen einen niedrigeren Beitragssatz, da Sie in dieser Zeit über kein Einkommen verfügen. Freiwillig versicherte Selbständige können zumeist gegen einen Mindestbeitrag weiter versichert bleiben. In jedem Fall ist es wichtig, mit den einzelnen Sozialversicherungsträgern abzuklären, wie sich die Unterbrechung der Erwerbstätigkeit auf Ansprüche, Wartezeiten und Leistungsfälle auswirkt. Auch Aspekte wie Berufs- und Erwerbsunfähigkeit sind dabei zu berücksichtigen. Unter Umständen kann es sinnvoll sein, freiwillig einen höheren Beitrag einzuzahlen.

Haben Sie die Mindestvoraussetzungen für den Erhalt von Arbeitslosengeld noch nicht erfüllt, ist Vorsicht geboten. Unbezahlte Beschäftigungszeiten werden auf die Anwartschaftszeit für Arbeitslosengeld nur angerechnet, wenn sie nicht länger als einen Monat dauern. Durch freiwillige Beiträge können Sie aber auch längere Unterbrechungen überbrücken.

Ähnliches gilt für die gesetzliche Rentenversicherung: Wenn beitragslose Monate entstehen, werden diese nicht auf die Vorversicherungszeit angerechnet. Auch hier kann man sich freiwillig weiter versichern.

Das Kapitel Versicherungen ist mit Sicherheit eine der weniger spannenden Aufgaben bei der Vorbereitung Ihrer Auszeit, und es kann manchmal sehr aufreibend sein, jeder einzelnen Information hinterherzulaufen und sich bei Ämtern, Behörden und Versicherungen durchzufragen. Leider ist dafür keine Patentlösung zu präsentieren, da eine optimale Regelung von Ihren individuellen Voraussetzungen abhängig ist.

Auch hier gilt wieder die Unterscheidung zwischen bezahlter Auszeit und dem unbezahlten Urlaub. Wer angestellt ist und weiter sein Gehalt bezieht, bleibt auch krankenversichert. Bei unbezahltem Urlaub von mehr als einem Monat wird der Pflichtversicherte vom Arbeitgeber abgemeldet; freiwillig Versicherte müssen die Veränderung des Beschäftigungsverhältnisses selbst melden. Sowohl Pflichtversicherte als auch Freiwillige können sich weiter in den gesetzlichen Kassen krankenversichern. Der Beitragssatz wird einkommensabhängig festgelegt, das heißt, die Krankenkassen prüfen das zum Lebensunterhalt verfügbare Gesamteinkommen und ermitteln auf dieser Basis den jeweiligen Beitragssatz.

Bei der Pflegeversicherung zählen Vorversicherungszeiten für die Erfüllung von Leistungen. Deshalb ist eine kontinuierliche und gegebenenfalls freiwillige Zahlung von Beiträgen wichtig. Auch bei der Kranken- und Pflegeversicherung gilt: Erkundigen Sie sich bei Ihrer Krankenkasse, welche Lösung für Sie persönlich die beste ist.

Die Techniker Krankenkasse gibt in einem Beratungsblatt einen hilfreichen Überblick über die sozialversicherungsrechtlichen Besonderheiten bei der Vereinbarung von flexiblen Arbeitszeiten.[13]

Beabsichtigen Sie, im Sabbatical ins Ausland zu gehen, gibt es für die meisten europäischen Länder ein Abkommen mit den gesetzlichen Krankenkassen in Deutschland. Mit der sogenannten Europäischen Krankenversicherungskarte (European Health Insurance Card – EHIC) können europaweit medizinische Leistungen in Anspruch genommen werden. Die EHIC muss nicht extra beantragt werden, sondern ist automatisch auf der Rückseite der Versichertenkarte aufgedruckt. Ambulante oder stationäre Behandlung gibt es damit in allen EU-Staaten sowie in Island, Liechtenstein, Norwegen und in der Schweiz.

Überprüfen Sie, ob Ihre Kasse die Kosten für einen krankheitsbedingten Rücktransport übernimmt. Falls dies nicht der Fall ist, sollten Sie eine Zusatzversicherung abschließen. Das Gleiche gilt für Länder, mit denen kein Abkommen besteht; auch hier muss eine zusätzliche Auslandskran-

---

13 https://www.tk-online.de/tk/beratungsblaetter/beschaeftigung/flexible-arbeitszeiten/15584.

kenversicherung abgeschlossen werden. Ein Preisvergleich zwischen den verschiedenen Anbietern ist dabei sinnvoll. Als Verena ihre Krankenversicherung für die zwölfmonatige Weltreise hatte abschließen wollen, war sie von den hohen Kosten regelrecht schockiert: „Ich sollte 250 Euro im Monat bezahlen. Das hätte mein Budget erheblich geschmälert. Also habe ich weitergesucht und dann tatsächlich eine Versicherung gefunden, die mir ähnliche Leistungen für den Preis von 30 Euro im Monat anbot."[14]

Im Gegensatz zur gesetzlichen Krankenversicherung läuft die private Krankheitskostenvollversicherung bei unbezahltem Urlaub normal weiter. Sie müssen allerdings die Versicherungskosten in voller Höhe selbst tragen, da der Arbeitgeberanteil wegfällt. Sie haben aber die Möglichkeit, in einen anderen Tarif mit Selbstbehalt oder höherem Selbstbehalt zu wechseln und somit die Beitragslast zu senken. Hinsichtlich des Krankengeldes sollten Sie zumindest Ihre Anwartschaft sichern. Dies bedeutet eine Ruhensvereinbarung gegen Beitrag. Nach vollständiger Rückkehr in den Vertrag wird dieser unverändert und ohne Verlust beziehungsweise Schmälerung der bisherigen Rechte fortgeführt. Bei einem längeren Aufenthalt (üblicherweise mehr als zwei Monate) außerhalb Europas ist der Aufenthalt vorab der privaten Krankenversicherung zu melden. Eine entsprechende Versicherungsvereinbarung muss getroffen werden, da für manche Länder – wie zum Beispiel die USA oder Japan – aufgrund des dortigen höheren Krankheitskostenniveaus Zuschläge erhoben werden. Bei einem Auslandsaufenthalt bis zu einem Jahr empfiehlt es sich, die gesamte bestehende private Krankenversicherung in Anwartschaft zu stellen und gleichzeitig eine private Auslandskrankenversicherung abzuschließen, da dies oftmals günstiger ist. Kommen Sie möglicherweise vorzeitig aus dem Sabbatical zurück, wird bei einigen Versicherern der Beitragsteil für den nicht mehr benötigten Auslandskrankenversicherungsschutz nicht zurückerstattet. Auch hier ist es zu empfehlen, sich vorher bei seiner privaten Krankenkasse zu erkundigen, welche Lösung die individuell beste wäre.

---

14 Die Preisangaben beziehen sich auf 2002.

Kranken- und Pflegeversicherung	Bezahlte Auszeit	Unbezahlte Auszeit
Gesetzlich versichert		
Pflichtversichert	Wird vom Arbeitgeber geregelt und gezahlt	Ihr Arbeitgeber meldet Sie ab
Freiwillig versichert	Wird vom Arbeitgeber geregelt und gezahlt	Abmeldung muss selbständig erfolgen
Privat versichert	Wird vom Arbeitgeber geregelt und gezahlt	Sie tragen die Kosten in voller Höhe selbst

Das Wichtigste in Kürze:

- In Deutschland, Österreich und der Schweiz gibt es per Gesetz keinen allgemein gültigen oder etwa einklagbaren Anspruch auf eine Auszeit.

- Die bezahlte Auszeit fällt arbeitsrechtlich unter das Teilzeitgesetz. Um Teilzeit beantragen zu können, muss der Arbeitgeber mindestens 15 Mitarbeiter beschäftigen und der Mitarbeiter muss zumindest drei Jahre lang in dem betreffenden Unternehmen gearbeitet haben.

- Der schriftliche Antrag muss mindestens drei Monate vor dem Beginn der geänderten Arbeitsbedingungen gestellt werden. Äußert sich der Arbeitgeber bis spätestens einen Monat vor der geplanten Änderung nicht schriftlich ablehnend, gilt der Antrag als angenommen.

- Einen neuen Antrag auf Arbeitszeitverringerung können Sie erst wieder nach zwei Jahren stellen, und dies unabhängig davon, ob der erste angenommen oder abgelehnt wurde.

- Nur im Einzelfall kann der Chef die Verringerung der Arbeitszeit oder deren gewünschte Verteilung aus betrieblichen Gründen ablehnen; diese Gründe müssen rational und nachvollziehbar sein.

- Es ist in jedem Fall sinnvoll, eine schriftliche Vereinbarung zum Sabbatical mit Ihrem Arbeitgeber zu schließen – auch dann, wenn Sie unbezahlten Urlaub nehmen.

- Klären Sie, ob nach dem Auslaufen des Sabbatical-Vertrages automatisch wieder die vorherigen Arbeitsbedingungen gelten.

- Arbeitszeitkonten im Unternehmen sind in der Regel die administrative Voraussetzung für eine bezahlte Auszeit.

- Sabbaticals gelten als Teil eines versicherungspflichtigen Beschäftigungsverhältnisses, solange die Auszeit nicht als unbezahlter Urlaub genommen wird.

- Ihr Gehalt darf während der Auszeit nicht unter 70 Prozent der Entlohnung in der Vollzeitphase fallen, da es sonst Probleme mit den Sozialversicherungen gibt.

- Falls Sie unbezahlten Urlaub nehmen, müssen Sie mit den einzelnen Sozialversicherungsträgern abklären, wie sich die Auszeit auf Ansprüche, Wartezeiten und Leistungsfälle auswirkt.

- Bei der Kranken- und Pflegeversicherung ist ausschlaggebend, ob Sie privat oder gesetzlich versichert sind und ob Sie in eine bezahlte oder unbezahlte Auszeit gehen.

V

Wer kann ein Sabbatical machen?

Ob du denkst, du kannst es, oder du kannst es nicht:
Du wirst auf jeden Fall Recht behalten.

HENRY FORD, AMERIKANISCHER INDUSTRIELLER

1 Arbeitnehmer

Seit 1998 gibt es für die Tarifparteien die Möglichkeit, für die Arbeitnehmer Arbeitszeitkonten zu vereinbaren. Auf diesen Konten können Arbeitnehmer Mehrarbeit ansparen. Auch die Fortzahlung der Sozialleistungen ist gesetzlich geregelt. Dadurch ist es jedem Unternehmen möglich, die Grundlage für ein Sabbatical zu schaffen. Allerdings haben nur sehr wenige Arbeitgeber ein Sabbatical-Angebot explizit in ihre innerbetrieblichen Vereinbarungen aufgenommen. In Deutschland spricht man von einer Zahl zwischen 3 und 5 Prozent. Aber selbst wenn tarifliche oder innerbetriebliche Vereinbarungen bestehen, ist die Genehmigung des Sabbaticals vom Arbeitgeber abhängig und darf innerbetrieblichen Erfordernissen nicht entgegenstehen.

Nach Angaben der Hans-Böckler-Stiftung sind in den Branchentarifverträgen zudem oft keine fest fixierten Abmachungen zum Sabbatical zu finden. Bei internen Vereinbarungen zwischen Unternehmen und Betriebsrat zu flexiblen Arbeitszeiten finden sich dagegen immer häufiger Regelungen zum Sabbatical. Die Zahl der Unternehmen, die flexible Arbeitszeitmodelle anbieten, hat sich in den letzten Jahren stark erhöht. Die öffentlichen Diskussionen zu den Themen Vereinbarkeit von Familie und Beruf, dem Mangel von qualifizierten Arbeitskräften sowie einer Work-Life-Balance scheinen ihre Wirkung nicht verfehlt zu haben. In Unternehmen, die weder über tarifliche noch innerbetriebliche Vereinbarungen verfügen, ist das Sabbatical weiterhin ausschließlich individuelle Verhandlungssache.[15]

Für Überlegungen zur Auszeit ist eine Unterscheidung in projekt- und positionsbezogenes Arbeiten sinnvoll. Im Gegensatz zu projektbezogenen Positionen, wie man sie bei Beratungsfirmen und Agenturen findet, sind unter positionsbezogenem Arbeiten Jobs zu verstehen, bei denen ein ständiger fester Ansprechpartner gefordert ist und die hauptsächlich Tagesgeschäft

15 Quelle: www.boeckler.de.

beinhalten. Für Angestellte, die projektbezogen arbeiten, ist es sicherlich einfacher, für einige Zeit aus dem Geschäftsbetrieb auszusteigen, naheliegenderweise zwischen zwei Projektaufträgen. Das Gleiche gilt auch für Unternehmen, bei denen es eine sogenannte „Job-Rotation" gibt. Arbeitnehmer wechseln innerhalb des Unternehmens in regelmäßigen Abständen von meist zwei bis drei Jahren den Aufgabenbereich und die Verantwortlichkeit. Die Auszeit lässt sich dann günstigerweise zwischen den „alten" und den „neuen" Job legen. Für Mitarbeiter im Tagesgeschäft ist diese Flexibilität nicht ohne weiteres zu bewerkstelligen. Hier müsste zunächst für Ersatz gesorgt oder die Arbeit auf die Kollegen umverteilt werden.

Procter & Gamble: Durch „Diversity" und Sabbaticals zu mehr Innovation

Die Entwicklung und Einführung innovativer Produkte und Konzepte gehören für ein international erfolgreiches Markenartikel-Unternehmen wie Procter & Gamble zu den täglichen Anforderungen, um im Markt wettbewerbsfähig zu bleiben. Innovationen werden von Menschen geschaffen, und deshalb steht für uns der einzelne Mitarbeiter im Mittelpunkt. „Wir respektieren jeden Einzelnen" und „Die Interessen des Unternehmens und des Einzelnen sind untrennbar miteinander verbunden" sind folglich unsere ersten beiden Unternehmensprinzipien. Diese Grundwerte stehen jedoch nicht nur auf dem Papier, sondern werden umgesetzt und gelebt.

Dies drückt sich unter anderem auch in den bereits seit 115 Jahren existierenden Beteiligungsprogrammen für Mitarbeiter aus. So befindet sich beispielsweise heute immerhin weltweit ein Viertel des Aktienvermögens im Eigentum von Mitarbeitern. Auch Initiativen zur Förderung der Chancengleichheit am Arbeitsplatz, die weit über den Gesetzesauftrag hinausweisen, sind fester Bestandteil der Unternehmenskultur. Die Förderung von „Diversity", also der Verschiedenartigkeit und Vielfältigkeit der Mitarbeiter, ist bei uns Programm. Wir engagieren uns dafür, weil wir überzeugt sind, dass diese Verschiedenartigkeit der Mitarbeiter zu einer Vielfalt im Denken führt. Und die wiederum bringt mehr innovative Ideen ins Unternehmen.

Den unterschiedlichen Bedürfnissen und Lebensentwürfen unserer Mitarbeiter tragen wir unter anderem durch eine ganze Reihe von Arbeitsmodellen Rechnung. Dazu gehören Teilzeitarbeit, flexible Arbeitszeiten, Job Sharing und Telearbeit ebenso wie das Sabbatical. Als eines der ersten Unternehmen der Konsumgüterbranche bietet Procter & Gamble diese bis zu drei Monate dauernde Auszeit an, die nicht an das Vorliegen eines Grundes, wie beispielsweise die Pflege eines Angehörigen, gebunden ist. Wer fünf Jahre bei uns im Unternehmen ist, kann ein Sabbatical beantragen und diese Zeit ganz nach seinem Gusto nutzen. Hat der Mitarbeiter noch ausstehenden Jahresurlaub, kann er diesen dem Sabbatical hinzufügen und so den Ausstieg auf Zeit verlängern. Ein Sabbatical ist dann alle sieben Jahre wieder möglich.

Wie ist der Ablauf bei Procter & Gamble? Wird der Wunsch auf ein Sabbatical rechtzeitig bekanntgegeben, also mindestens sechs Monate im Voraus beim Vorgesetzen beantragt, lässt er sich in der Regel gut planen und zumeist ohne Probleme mit den geschäftlichen Anforderungen vereinbaren. Sinnvoll ist es, die Auszeit möglichst zwischen einem internen Stellenwechsel oder nach Abschluss eines Projektes zu nehmen, um laufende Projektarbeit nicht unterbrechen zu müssen.

Seit der Einführung im Jahr 1999 haben schon zahlreiche Mitarbeiter ein Sabbatical in Anspruch genommen und auf unterschiedlichste Weise genutzt: um für sportliche Herausforderungen zu trainieren, andere Länder zu bereisen, sich sozial zu engagieren oder einfach mehr Zeit für Freunde und Familie zu haben. Von diesen Mitarbeitern höre ich immer wieder, dass sie während der Auszeit neue Eindrücke und Erfahrungen gewonnen haben, die beruflich wie privat zu neuen Perspektiven und Ideen verhelfen. Die positiven Auswirkungen auf die Motivation und die Zufriedenheit sind deutlich spürbar. Wer das Gefühl hat, etwas Wesentliches verpasst zu haben oder eigene Interessen nicht verwirklichen zu können, ist unzufrieden und unkonzentriert. Er ist nicht im Gleichgewicht, und es fällt schwer, die eigenen Fähigkeiten und Talente voll einzubringen – und genau das ist unerlässlich, um unser Unternehmen auch in Zukunft erfolgreich zu gestalten. Das Sabbatical ist somit ein weiterer Baustein, mit dem wir gezielt die persönlichen Bedürfnisse der Mitarbeiter unterstützen und durch den wir gleichzeitig eine wichtige Voraussetzung für den langfristigen wirtschaftlichen Erfolg von Procter & Gamble schaffen.

Dr. Sonja Fleischer-Atorf, Personalleiterin Procter & Gamble.

Beamte und gleichgestellte Angestellte sind bei der Anfrage nach einem Sabbatical sicherlich in der günstigsten Position, da es in allen Bundesländern klare Regelungen gibt. Neben der Tradition von Sabbaticals in Forschung und Lehre ist der Lehrerüberschuss der 80er Jahre sicherlich ein Grund für die großzügige Gewährung der Auszeit. In allen Bundesländern gibt es mittlerweile Regelungen zur Auszeit. Gleichgültig, ob Arbeitszeitkonten, Teilzeitarbeit, Altersteilzeit oder Sonderurlaub ohne Besoldung für Weiterbildungsmaßnahmen respektive soziales Engagement: Der Dienstherr entscheidet über die Befreiung vom Dienst, und wenn keine dienstlichen Belange dem entgegenstehen, ist der Antrag auf die Auszeit eine Formsache.

„Da haben es Beamte sehr viel einfacher als Angestellte.“ So die Einschätzung aus berufenem Munde. Die Beamtin Verena weiß, wovon sie spricht. „Ich schrieb einen Brief an meinen Vorgesetzten, in dem ich um ein Jahr unbezahlten Urlaub bat. Schon eine Woche später hatte ich die Bestätigung, dass ich gehen durfte. Die Kollegen hatten mir zwar schon erzählt, dass die Genehmigung sehr rasch komme, aber ich war wirklich verblüfft, wie schnell und unkompliziert dies vonstatten ging.“

Ein weiterer Vorteil ist, dass sich für Beamte die Wartezeiten auf Beförderung durch eine Auszeit oder eine Teilzeitarbeit nicht verändern. Genaue Informationen zu Sabbatical-Möglichkeiten stehen in den jeweiligen Landes- beziehungsweise Bundesbeamtengesetzen.

Die Personalagentur der Senatsverwaltung für Inneres des Landes Berlin hat folgendes Muster für einen Antrag auf ein Sabbatical für Beamte entworfen:

Sabbatical/Beamtinnen und Beamte

Name, Vorname
Stellenzeichen
Dienststelle
über

Betr.: Teilzeitbeschäftigung in der Form des Sabbaticals

Ich beantrage gemäß § 35 a Abs. 1 LBG die Ermäßigung meiner Arbeitszeit ab dem ________________ für einen Zeitraum von:

- 2 Jahren mit 1/2 der Dienstbezüge (davon ein Jahr Vollzeitbeschäftigung und ein Jahr Freistellung)

- 3 Jahren mit 2/3 der Dienstbezüge (davon zwei Jahre Vollzeitbeschäftigung und ein Jahr Freistellung)

- 4 Jahren mit 3/4 der Dienstbezüge (davon drei Jahre Vollzeitbeschäftigung und ein Jahr Freistellung)

- 5 Jahren mit 4/5 der Dienstbezüge (davon vier Jahre Vollzeitbeschäftigung und ein Jahr Freistellung)

- 6 Jahren mit 5/6 der Dienstbezüge (davon fünf Jahre Vollzeitbeschäftigung und ein Jahr Freistellung)

- 7 Jahren mit 6/7 der Dienstbezüge (davon sechs Jahre Vollzeitbeschäftigung und ein Jahr Freistellung)

- Kurzsabbatical von 27 Monaten mit 8/9 der Dienstbezüge (davon 24 Monate Vollzeitbeschäftigung und drei Monate Freistellung)

- Kurzsabbatical von 24 Monaten mit 7/8 der Dienstbezüge (davon 21 Monate Vollzeitbeschäftigung und drei Monate Freistellung)

- andere Sabbatical-Formen ________________________________

Bitte möglichst genaue Angaben!

Der Freistellungszeitraum soll am ________________ beginnen.

Mir ist bekannt, dass

1. der Freistellungszeitraum frühestens nach der Hälfte des Gesamtsabbaticals beginnen kann;

2. sich die Besoldung grundsätzlich entsprechend der ermäßigten Stundenzahl verringert;

3. eine Verminderung des Ruhegehaltes eintreten könnte;

4. während des Gesamtzeitraumes des Sabbaticals Nebentätigkeiten genehmigungspflichtig sind;

5. es zu einer Urlaubsneuberechnung kommt, wenn die Freistellungsphase im laufenden Kalenderjahr beginnt oder endet;

6. eine Änderung des Umfangs oder die vorzeitige Beendigung der Teilzeitbeschäftigung nur in Ausnahmefällen und mit vorheriger Zustimmung zulässig ist;

7. die Aufnahme einer Teilzeitbeschäftigung des im öffentlichen Dienst beschäftigten Ehegatten anzeigepflichtig ist, da sie Auswirkungen auf den Ortszuschlag haben kann;

8. ich beim Ausscheiden aus dem Dienst des Landes Berlin oder bei vorzeitiger Versetzung in den Ruhestand eventuell überzahlte Bezüge zurückzuzahlen habe.

Wenn ich den Freistellungszeitraum nicht in Anspruch nehmen kann, steht mir in Ausnahmefällen (z.B. bei dauernder Dienstunfähigkeit) ein Anspruch auf Nachzahlung der Bezüge für den Zeitraum zu, in dem ich bei geminderten Bezügen vollzeitbeschäftigt war.

____

Datum Unterschrift

3 Hochschulprofessoren

Hochschulprofessoren bieten sich unterschiedliche Möglichkeiten der Freistellung. Zur Durchführung besonderer Forschungsvorhaben können Professoren alle vier Jahre für maximal sechs Monate oder ein Semester von ihrer Lehrtätigkeit befreit werden. Während dieser Freistellung erhalten sie weiterhin die vollen Bezüge. Ein Sabbatjahr kann über einen Zeitraum von zwei bis sieben Jahren über ein Arbeitszeitkonto angespart werden; die Dienstbezüge werden anteilig gezahlt. Interessant ist, dass die Voraussetzung für die Bewilligung ein Bewerberüberhang oder aber auch ein Bewerbermangel ist. Auch im universitären Bereich wird demzufolge das Sabbatical als Steuerungsinstrument genutzt, um einerseits verstärkt Bewerber im öffentlichen Dienst zu beschäftigen und andererseits laut Beamtenmerkblatt „die Aufrechterhaltung der Funktionsfähigkeit der öffentlichen Verwaltung" zu gewährleisten. Infos über Sabbatical-Möglichkeiten sind auch hier beim jeweiligen Dienstherren oder Arbeitgeber erhältlich.

4 Sabbaticals im kirchlichen Umfeld

Wenn das Sabbatjahr schon im alten Testament erwähnt ist, müsste man eigentlich vermuten, dass Sabbaticals eine lange Tradition im kirchlichen Umfeld haben – weit gefehlt. Bei den Kirchen sind keine einheitlichen Regelungen für die Auszeit vorhanden. Entscheidungen werden für die evangelische Kirche auf der Ebene der Landeskirchen und für die katholische Kirche in den Diözesen getroffen. Sie richten sich entweder nach den jeweiligen Landesbeamtengesetzen, oder es gibt eine eigene Sabbatjahrregelung. Auszeiten sind meist nur zu Zwecken der Weiterbildung, bei einem Wechsel zwischen den Gemeinden oder in einer Überlastungssituation möglich.

Im katholischen Bistum Limburg hat nur einer von 3.000 Mitarbeitern in jüngster Zeit ein Sabbatical in Anspruch genommen. Im Bistum Trier werden zwar Diskussionen über eine höhere Flexibilisierung von Arbeitszeiten in der dafür zuständigen Bistums-KODA (Kommission zur Regelung des Dienst- und Arbeitsrechts) geführt; konkrete Regelungen zu Sabbaticals oder einem ähnlichen Angebot haben sich daraus allerdings bislang noch nicht ergeben. „Vor allem die von Arbeitnehmer-Seite angestrebten Regelungen für Langzeit- oder Lebens-Arbeitszeitkonten stoßen beim kirchlichen Dienstherren auf Skepsis oder Zurückhaltung", ist aus dem Bistum zu hören.

Nicht viel anders sieht es bei der Evangelischen Kirche Deutschland (EKD) aus. Die Evangelische Landeskirche Baden beispielsweise erlaubt den Gemeindepastoren ein Sabbatical zwischen zwei Stellen: Bevor der Pastor in die nächste Gemeinde geht, kann er eine Auszeit nehmen. Auch frühzeitig beantragte Sabbaticals von anderen Kirchenmitarbeitern werden ermöglicht, solange eine adäquate Ansparzeit gewährleistet und für die Zeit der Abwesenheit ein Ersatz gefunden ist. Will man sich für ein Semester an der Universität einschreiben, spendiert die Landeskirche hierfür ihren Mitarbeitern alle sieben Jahre einen bezahlten Urlaub.

Der geistliche Ursprungsgedanke des „Ausruhens" findet sich im Angebot der Kirchen kaum wieder. Kontemplative Auszeiten sind eher die Ausnahme und auf wenige Wochen beschränkt. Dagegen gibt es in fast allen Kirchen die Möglichkeit, bei Überlastungssituationen, psychischen Problemen oder in Situationen, in denen sich der Geistliche nicht mehr sicher ist, dass sein Beruf auch seine Berufung ist, eine Auszeit in einer kircheneigenen Erholungsstätte zu nehmen.

5 Selbständige

Für Selbständige entfällt die Hürde, die Erlaubnis vom Arbeitgeber einholen zu müssen. Dafür gibt es andere Hindernisse: Die Entscheidung, ein Sabbatical zu nehmen, hängt letztendlich davon ab, ob man es sich leisten kann, drei und mehr Monate nicht im Unternehmen zu sein. Selbständige haben bekanntlich in den ersten Jahren nach Gründung oder Unternehmensübernahme alle Hände voll damit zu tun, ihr Geschäft am Laufen zu halten. Nach der Aufbauphase oder einer mehrjährigen Tätigkeit ohne längere Unterbrechung kann es allerdings interessant sein, sich eine Auszeit zu gönnen. Oft sind die Unternehmer überarbeitet und ausgelaugt, und der Blick für das Wesentliche ist getrübt. Zudem kann das Vorhaben, ein Sabbatical zu beanspruchen, auch die Diskussion der häufig ungeklärten und meist ungeliebten Frage der Stellvertretung voranbringen. Auch bei Krankheit und in Zeiten der Überlastung ist es sinnvoll, auf eine Person des Vertrauens zurückgreifen zu können, die Sie als Geschäftsführer kompetent zu vertreten weiß. Falls Sie keine einzelne Person mit der Geschäftsführung beauftragen möchten, stellen Sie sich ein Team zusammen. Das kann nicht nur die Motivation im Unternehmen erheblich steigern, sondern auch wertvolle Impulse geben.

Im Vorfeld sollten Sie klären, ob Sie während des Sabbaticals für Ihre Mitarbeiter erreichbar sein möchten oder nicht. Falls Sie einen regelmäßigen Termin vereinbaren, seien Sie sich im Vorhinein bewusst, dass Sie als Konsequenz dieser Entscheidung gedanklich immer wieder in das Geschehen der Firma eingebunden werden. Derjenige, der Sie vertreten soll, kann durch zu viel Kontrolle auch das Gefühl haben, dass Sie kein Vertrauen in seine Fähigkeiten setzen. Gerade bei Familienbetrieben kann das demotivierend sein und im schlimmsten Fall dazu führen, dass Ihr Vertreter sich nicht persönlich verantwortlich fühlt und deshalb nicht den Einsatz und die Umsicht zeigt, die angebracht wäre.

Bei One-Man-Unternehmen ist die Gefahr groß, dass Ihr Kundenstamm erheblich schrumpft und Sie sogar einige Kunden verlieren, wenn Sie über einen längeren Zeitraum hinweg nicht erreichbar sind. Planen Sie deshalb den Ausstieg langfristig: Lassen Sie Ihre Kunden rechtzeitig wissen, wann Sie nicht erreichbar sind, versuchen Sie, anstehende Aufträge nach vorne oder hinten zu verschieben. Selbständige, deren Arbeitsrhythmus durch Projektarbeit geprägt ist, haben den Vorteil, dass sie nach Beendigung eines größeren Projektes gehen können. Der Architekt Jan hat beispielsweise drei Jahre lang für die Weltausstellung Expo in Hannover gearbeitet. Als sein Vertrag auslief, war das ein günstiger Zeitpunkt für ihn, eine Ruhepause einzulegen.

Falls sich Aufträge nicht verschieben lassen oder Sie eine kontinuierliche Kundenbetreuung übernommen haben, können Sie versuchen, einen Freiberufler oder anderen Partner zu finden, der diese Aufträge in Ihrer Abwesenheit für Sie übernehmen kann. Hilfreich ist jetzt, wenn Sie zuvor schon in Netzwerken gearbeitet haben und zwischen dem Partner und Ihnen ein gewisses Vertrauensverhältnis besteht. Meist kennen Sie dann auch noch relativ gut die Arbeitsqualität Ihres Kollegen. Die Möglichkeit, dass einige Ihrer Kunden sich während Ihrer Abwesenheit für den Kollegen entscheiden oder dieser der Versuchung nicht widerstehen kann, Ihre Kunden abzuwerben, können Sie im Vorhinein vertraglich regeln. Bleibt ein Kunde bei Ihrer „Vertretung“, bekommen Sie in den nächsten 12 oder 24 Monaten einen bestimmten Prozentsatz des Umsatzes mit diesem Kunden.

Das Wichtigste in Kürze:

- Circa 5 bis 7 Prozent der Arbeitgeber in Deutschland haben tarifliche oder innerbetriebliche Vereinbarungen zur Auszeit.
- In allen anderen Fällen ist das Sabbatical Verhandlungssache.
- Für Mitarbeiter mit projektbezogenen Jobs ist der Ausstieg oftmals leichter als für Mitarbeiter mit Tagesgeschäft.
- Für Beamte und gleichgestellte Angestellte gibt es in allen Bundesländern klare Regelungen zur Auszeit. Stehen keine dienstlichen Belange entgegen, ist der Antrag auf ein Sabbatical eine Formsache. Eine Auszeit verändert die Wartezeit auf Beförderung nicht.
- Hochschulprofessoren können alle vier Jahre für maximal sechs Monate, also ein Semester, bei vollem Gehalt von ihrer Lehrtätigkeit befreit werden. Ein Sabbatjahr kann über Arbeitszeitkonten über einen längeren Zeitraum angespart werden.
- Sabbaticals sind im kirchlichen Umfeld eingeschränkt bis gar nicht möglich. Allerdings bieten die Kirchen ihren Mitarbeitern häufig die Gelegenheit, bei Überlastungssituationen oder psychischen Problemen eine Auszeit zu nehmen.
- Selbständige sind bei der Entscheidung für eine Auszeit von ihrem eigenen Ermessen abhängig. Fragen wie die Vertretung während des Sabbaticals, die Erreichbarkeit für Mitarbeiter sowie der Umgang mit Kunden und Partnern während des Sabbaticals müssen vorher geklärt werden.

VI

Die finanzielle Seite des Sabbaticals

Viele sind hartnäckig in Bezug auf den eingeschlagenen Weg, wenige in Bezug auf das Ziel.

FRIEDRICH NIETZSCHE, DEUTSCHER PHILOSOPH

1 Was ist mit meinem Gehalt?

Um es im Klartext zu sagen: Ein Sabbatical ist de facto immer eine Auszeit ohne Gehaltsanspruch. Es ist Ihr Privatvergnügen. Die Frage ist lediglich, ob Sie mittels flexibler Handhabung im Unternehmen einen Modus finden, Zeit anzusparen, oder ob Sie letztlich gezwungen sind, für das Sabbatical eigens unbezahlten Urlaub zu nehmen. Grundvoraussetzung für eine unternehmensinterne Lösung ist, dass der Arbeitgeber überhaupt flexible Arbeitszeitregelungen zulässt (vgl. Kapitel IV). Um die beiden gängigen Modelle an dieser Stelle kurz zu rekapitulieren:

Vorarbeit oder Nacharbeit

Diese Regelung basiert dem Gedanken nach auf einer Durchschnittsbezahlung. Sie arbeiten wie bisher „Fulltime", bekommen aber weniger Gehalt ausbezahlt. Unter steuerlichen Gesichtspunkten (Stichwort Steuerprogression) kann diese Variante für Sie durchaus sinnvoll sein. Sie arbeiten beispielsweise fünf Jahre für 90 Prozent Ihres regulären Gehaltes, dann hätten Sie im sechsten Jahr Anspruch auf 50 Prozent freie Zeit, immerhin ein halbes Jahr, in dem Ihr Gehalt normal weiterliefe (wohlgemerkt Gehaltsanteile, die Sie vorher zurückgestellt hatten).

Arbeitszeitkonto

Dies stellt im Grunde nichts anderes als eine Sparbüchse für „Zeit-Jetons" dar. Soweit es in Ihrem Unternehmen möglich und gesetzlich erlaubt ist, sollten Sie Ihre Urlaubstage, Überstunden und so weiter auf einem Konto ansammeln, um dieses Zeitguthaben später für das Sabbatical am Stück aufzubrauchen. Auch Sondergratifikationen, Weihnachts- und Urlaubsgeld könnten, soweit wieder das Unternehmen mitzieht, in Zeit umgewandelt und in die „Sparbüchse" eingezahlt werden. Aber Sie merken schon: In allen Fällen greifen Sie auf ein Polster zurück, dass Sie selbst angelegt haben. Der Unterschied zum „Extraurlaub" allerdings ist, dass bei den unternehmensinternen Varianten Ihre Sozialversicherung über das Unternehmen weiter bestehen bliebe.

In der Regel wird zur Finanzierung der Auszeit – soweit möglich – auf eine Kombination verschiedener Varianten zurückgegriffen. Das Vorarbeiten ist der gängigste Weg, um das Sabbatical zu finanzieren. Nach einer Umfrage unter Personalverantwortlichen liegt der „Gehaltsverzicht" in der Ansparphase üblicherweise zwischen 5 und 30 Prozent. Aber auch Fälle, in denen Mitarbeiter eine Kürzung von 50 Prozent vereinbart haben, kommen vor. Knapp die Hälfte der Personaler gibt an, dass in ihren Unternehmen auch andere Regelungen zum Tragen kommen.[16]

Siemens: Plädoyer für mehr Teilzeitmodelle

Das Sabbatical ist lediglich ein Element der Teilzeitinitiative der Siemens AG. Die Teilzeitinitiative ist wiederum nur ein Bestandteil der vielfältigen Möglichkeiten der flexiblen Arbeitszeitgestaltung innerhalb der Siemens AG. Die Verschärfung der Wettbewerbssituation für ein international agierendes Unternehmen wie die Siemens AG, die angespannte Situation der Arbeitsmärkte – hohe Arbeitslosigkeit bei gleichzeitigem Mangel an Facharbeitern und Hochschulabsolventen bestimmter Fachbereiche (z.B. im Ingenieursbereich) –, aber auch das geänderte Bedürfnis der Menschen im Unternehmen, Berufs- und Privatleben besser vereinen und ausgestalten zu können, stellen neue Anforderungen an das Unternehmen.

Je nach Lebens- und Berufsphase kann es für den einzelnen Mitarbeiter sinnvoll sein, eine Teilzeittätigkeit (z.B. während des Berufseinstiegs oder am Ende des Berufslebens) auszuüben oder eine längere „Auszeit" in Form bezahlter Freizeitblöcke zu nehmen. Durch die Möglichkeiten der flexiblen Arbeitszeitgestaltung kann darüber hinaus ein wesentlicher Beitrag zur Optimierung von Arbeitsprozessen, zur Erhöhung von Produktivität und Innovationsfähigkeit sowie zu einer stärkeren Ausrichtung an den Bedürfnissen der Kunden geleistet werden.

Zudem kann sie – begleitet durch eine teamorientierte Zusammenarbeit von Mitarbeiter und Führungskraft – zur Förderung der eigenver-

16 Career Company 2001.

antwortlichen, ergebnisorientierten Arbeit des einzelnen Mitarbeiters beitragen. Der Mitarbeiter erhält zunehmend Zeitsouveränität und bestimmt selbst, wann er arbeitet und wann er Freizeit nutzt.
Aus diesem Grunde hat die Siemens AG Ende 1997 eine Teilzeitinitiative zur Förderung der Teilzeitarbeit gestartet. Die zunehmende Nutzung des Sabbatical als Bestandteil dieser Teilzeitinitiative sowie der Anstieg der Teilzeitquote innerhalb der Siemens AG bestätigt, dass wir uns mit diesen Arbeitszeitmodellen auf dem richtigen Weg befinden.

Heiko Brockbartold, Corporate Personnel Germany Beschäftigungsbedingungen (CP G BB), Siemens AG.

2 Finanzielle Verpflichtungen

„Zum jetzigen Zeitpunkt könnte ich mir nicht mehr vorstellen, ein Sabbatical zu machen. Damals konnten wir alles auflösen, die Kosten gegen null herunterschrauben. Jetzt sind die finanziellen Verpflichtungen zu groß: eine Familie mit drei Kindern und ein Haus, das abbezahlt werden muss." Vor zehn Jahren haben sich Anton (41) und Gabi (35) das Abenteuer einer sechsmonatigen Reise noch erlauben können. Aber heute? Je mehr finanzielle Verpflichtungen bestehen, desto schwieriger wird der temporäre Ausstieg. Die monatlichen Raten für das Haus und das Auto, womöglich der Unterhalt für den Partner oder die Kinder, Pflegekosten für ein erkranktes Familienmitglied – all dies kann den Ausstieg aus finanzieller Sicht unmöglich machen. Auch wenn Sie Alleinverdiener sind und eine Familie ernähren müssen, ist der Weggang oft kaum zu finanzieren.

Falls das Sabbatical wirklich Ihr Herzenswunsch ist, bietet nur die langfristige Planung Ihres Vorhabens die Chance zur Verwirklichung. Führen Sie Gespräche mit den Stellen, bei denen Sie finanzielle Verpflichtungen haben: mit Ihrer Bank, dem Autohaus etc., und prüfen Sie, ob es eine Möglichkeit gibt, die Zahlungen für einige Zeit auszusetzen. Wenn Sie mit einer Jobgarantie aussteigen, haben Sie eine größere Chance, mit dem Kreditgeber eine Einigung zu finden.

Es muss ein finanzielles Polster angespart werden, um einen Teil der Kosten zu decken. Überlegen Sie, worauf Sie am ehesten verzichten können: Vielleicht fällt der nächste Urlaub aus? Oder Sie gehen im Bayerischen

Wald wandern, anstatt die Flugreise nach Gran Canaria zu buchen? Müssen das neue Auto und der Fernseher jetzt wirklich sein, oder können Sie damit noch warten? Ist es denkbar, etwas gebraucht statt neu zu erwerben? Wenn Sie sich intensiv mit der Frage der Einsparmöglichkeiten auseinandersetzen, werden Sie entdecken, dass es viele Bereiche gibt, in denen Einsparungen möglich sind. Dem eigenen Traum näherzukommen, ist manchmal anstrengend und erscheint insbesondere zu Beginn nicht realisierbar. Mit Ausdauer und festem Willen lässt sich dieses Ziel jedoch realisieren, auch wenn die Schritte noch so klein sind. „Ich habe wirklich bei jeder Ausgabe und bei jedem Weggehen überlegt, ob das sein muss oder ob ich das Geld lieber für mein Sabbatical sparen will", erinnert sich Verena noch gut. „Wenn ich mir dann meine Reise vorgestellt habe, war es auch gar nicht mehr so schwer, mich einzuschränken, und hinterher war ich froh, meinem Traum wieder einen Schritt nähergekommen zu sein."

3 Die laufenden Kosten minimieren

Wie stark Sie Ihre laufenden Kosten minimieren können, hängt maßgeblich davon ab, wie viel Sie aufzugeben bereit sind. Können Sie sich vorstellen, Ihre Wohnung zu kündigen? Ihr Auto und einen Teil der Möbel zu verkaufen? Ihre jetzige Existenz aufzugeben? Das ist sicher der radikalste Weg und meist nur gangbar, wenn Sie nach einer grundlegenden Veränderung streben und nach dem Sabbatical etwas gänzlich anderes als bisher machen wollen. Die Auszeit sollte dann möglichst ein Sabbatjahr sein, da ansonsten der Aufwand der Veräußerung des Hausstandes und die anschließende Wiederbeschaffung zu groß sind.

In meinen Interviews bin ich auf diese „Radikalkur" nur gestoßen, wenn auch der Job gekündigt war und man nach der Auszeit frei und beweglich sein wollte für einen neuen Arbeitsplatz, gegebenenfalls für einen neuen Standort. Oder wenn man beim Sabbatical erst am Anfang des Berufslebens stand, das heißt, noch nicht im eigentlichen Sinne etabliert und eingerichtet war. In den ersten Tagen oder Wochen nach der Rückkehr bildeten dann häufig die Eltern oder die Freunde den sicheren Hafen, um zunächst wieder unterkommen zu können. Anton, Gabi, Cornelia und Christine haben diese Variante der Kosteneinsparung gewählt und in Deutschland alles weitestgehend aufgelöst. Allerdings ist zu bemerken, dass die Bereitschaft, Haus, Auto und Möbel zu verkaufen und nach dem Sabbatical wieder von vorne anzufangen, in Deutschland, Österreich und der Schweiz wesentlich schwächer ausgeprägt ist als zum Beispiel in den meisten anglophilen Ländern.

Die meisten Sabbatical-Nehmer versuchen, ihre Existenz zu erhalten und Einsparungen vorzunehmen. Die Wohnung lässt sich über die Mitwohnzentrale untervermieten. Wenn sie möbliert nicht zu vermitteln ist, können Sie Ihre Möbel bei Freunden und Bekannten deponieren (manch einer freut sich, eine gute Stereoanlage ein Jahr lang nutzen zu können) oder bei einem Möbelspediteur einlagern lassen. Melden Sie Ihr Auto ab. Können Sie Versicherungen und Sparverträge ruhen lassen? Auch kleinere Posten wie Telefon, GEZ, Abonnements oder Mitgliedschaften sollten Sie in Ihre Überlegungen mit einbeziehen. Gehen Sie am besten Ihre Kontoauszüge systematisch durch und überprüfen Sie jeden einzelnen Posten nach Einsparmöglichkeiten. Verena hat es durch diese Methode geschafft, ihre Kosten zu Hause tatsächlich auf null herunterzuschrauben, ohne ihre Existenz aufzugeben.

4 Geld verdienen im Sabbatical

Aber es gibt noch andere Varianten, die Kosten für den Ausstieg niedrig zu halten. Wer im Sabbatical ein Praktikum absolviert, Entwicklungshilfe oder Sozialarbeit leistet, erhält für seine Arbeit oft Unterkunft und Verpflegung kostenlos und bekommt noch ein kleines Taschengeld dazu. Zum zweiten gibt es einige nationale und internationale Organisationen, die Stipendien vergeben. Die dritte Möglichkeit wäre, im Ausland nebenher zu jobben und somit die Kasse aufzubessern. Einkünfte im Ausland müssen allerdings versteuert werden. Wo die Steuer fällig ist, hängt davon ab, ob es sich um einen ausländischen oder einen deutschen Arbeitgeber handelt. Bei einem ausländischen Arbeitgeber ist die Einkommensteuer grundsätzlich im Land selbst zu entrichten. Das Doppelbesteuerungsabkommen regelt dann im Einzelnen, welcher Betrag versteuert werden muss. Letztendlich ist der Einzelfall mit dem Arbeitgeber oder einem Steuerberater vorher individuell abzuklären.

Neben dem Vorteil der Finanzierung des Aufenthaltes tritt noch ein weiterer Effekt ein: Sie können in den Alltag eines anderen Landes hineinschnuppern und so Kultur, Menschen und Sprache ungleich intensiver erleben. Eine neue, nicht selten einfachere Arbeit zu verrichten, als man es von zu Hause in seiner Position gewohnt ist, kann zudem auch befreiend wirken. Man hat viel Zeit, nachzudenken, muss nicht kreativ oder smart und ständig auf sein Image bedacht sein. Gerade für Menschen in Berufen, die mit Information und Kommunikation umgehen, kann das eine ausgesprochen aufschlussreiche Erfahrung sein.

5 Was kostet ein Sabbatical?

Auch hier gibt es keine „One-fits-all-Antwort". Die Kosten sind natürlich davon abhängig, was Sie in der Auszeit machen möchten. Jan, der zwölf Monate zu Hause geblieben ist, hat in etwa die gleiche Summe wie sonst auch ausgegeben. Verena hat ungefähr 20.000 Euro während ihrer Einjahresweltreise benötigt.[17] „Der Betrag ist deshalb so hoch, weil ich alles mitmachen und ausprobieren wollte. Ich bin vielen Reisenden begegnet, die 10.000 Euro für ein Jahr einkalkuliert hatten, auch davon kann man gut leben. Das Leben im Ausland und gerade in Asien ist um einiges billiger als in Deutschland." Alexandra und Peter haben überschlagen, welche Kosten für das halbe Jahr Reisen inklusive der laufenden Verpflichtungen zu Hause (Wohnung, Versicherungen etc.) angefallen sind. Sie kamen auf etwa 30.000 Euro für beide zusammen. Andrea wählte die Luxusversion für ihr Unterwegssein. Sie übernachtete zumeist in Hotels, nahm an organisierten Rundreisen teil, kaufte unzählige Souvenirs und hat somit für das halbe Jahr Weltreise rund 15.000 Euro ausgegeben; die Kosten für ihre Wohnung und laufende Unkosten nicht mit eingerechnet. Sie sehen schon: recht unterschiedliche Werte, die sehr vom individuellen Standard abhängig sind.

Das Wichtigste in Kürze:

- Wenn es in Ihrem Unternehmen flexible Arbeitszeitregelungen gibt, kann für die Auszeit sowohl vor- als auch nachgearbeitet werden.
- Über Arbeitszeitkonten können Gehalt, Überstunden und sonstige Gehaltsbestandteile eingezahlt werden. Aus dieser „Sparbüchse" wird dann später Ihre Auszeit finanziert.
- Der „Gehaltsverzicht" in der Ansparphase liegt üblicherweise zwischen 5 und 30 Prozent.

---

17 Zu berücksichtigen ist, dass die Zahlen aus dem Jahr 2000 stammen: Die Beträge würden heute entsprechend höher liegen.

- Je mehr finanzielle Verpflichtungen bestehen, desto schwieriger wird der temporäre Ausstieg. Er ist dann oft nur über eine langfristige Planung zu verwirklichen.

- Wie stark Sie Ihre laufenden Kosten minimieren können, hängt maßgeblich davon ab, wie viel Sie aufzugeben bereit sind.

- Eine „Radikalkur" ist nur dann sinnvoll, wenn Sie nach einer grundlegenden Veränderung streben und nach dem Sabbatical etwas gänzlich anderes als bisher machen wollen.

- Für alle anderen: Gehen Sie Ihre Kontoauszüge systematisch durch und überprüfen Sie jeden einzelnen Posten nach Einsparmöglichkeiten.

- Eine weitere Möglichkeit der Finanzierung Ihrer Auszeit ist es, Geld im Sabbatical zu verdienen:

  - Wer ein Praktikum absolviert, Entwicklungshilfe oder Sozialarbeit leistet, erhält für seine Arbeit oft Unterkunft und Verpflegung kostenlos und bekommt noch ein kleines Taschengeld dazu.

  - Einige nationale und internationale Organisationen vergeben auch Stipendien.

  - Wenn Sie im Ausland nebenher jobben, müssen diese Einkünfte versteuert werden: bei einem ausländischen Arbeitgeber ist die Einkommensteuer grundsätzlich im Land selbst zu entrichten. Das Doppelbesteuerungsabkommen regelt dann im Einzelnen, welcher Betrag versteuert werden muss.

VII

Gutes Timing

Max Grundig, einer der erfolgreichsten deutschen Nachkriegsunternehmer, wurde einmal gefragt: „Sagen Sie bitte, Herr Grundig, nach welchen Kriterien treffen Sie eigentlich Ihre Entscheidungen?" Da lehnte sich der Patriarch zurück, tippte zunächst mit dem Finger an die Stirn und deutete dann auf seinen Solarplexus: „Ich überlege. Mein Bauch entscheidet."[18]

1 Wann ist der richtige Zeitpunkt?

Die „Verschieberitis" – wer kennt Sie nicht, wer erkrankt nicht von Zeit zu Zeit an ihr? Aufgeschoben ist zwar nicht aufgehoben, aber erledigt ist dadurch auch nichts. Schließlich wird die Hürde für eine Zäsur nur noch größer statt kleiner. Die Gründe dafür sind vielfältig und durchaus nachvollziehbar: Die Lage auf dem Arbeitsmarkt ist nicht rosig, es steht ein wichtiges Projekt an, die Umstrukturierung ist in vollem Gange, man sucht gerade nach einer Eigentumswohnung, die Kinder sind noch zu klein, man ist noch zu neu im Job und, und, und. Der Zeitpunkt zum Ausstieg ist wahrscheinlich nie perfekt. Aber es gibt deutlich bessere und schlechtere Augenblicke – privat wie beruflich. Zwischen zwei Projekten etwa, vor einer Versetzung oder Beförderung, auch vor der Übernahme einer anderen Verantwortung oder in einer auftragsschwachen Zeit sind aus beruflicher Hinsicht eher geeignete Zeitpunkte. Allerdings müssen Sie in der Regel bereits einige Zeit im Unternehmen sein, um ein Sabbatical genehmigt zu bekommen. Bei Procter & Gamble sind das beispielsweise fünf Jahre, bei der Boston Consulting Group zwölf Monate.

Meist geht diesen sehr konkreten Zeitfenstern aber die grundsätzliche Überlegung voraus, zu welchem Zeitpunkt man ins Sabbatical gehen sollte. Die meisten entscheiden sich nicht spontan dazu, sondern tragen diesen Gedanken lange mit sich herum. Anton, der sich mit seiner Freundin den Traum erfüllen wollte, quer durch Afrika von Tunis nach Kapstadt zu reisen, musste sein Vorhaben dreimal verschieben. „Schon nach dem Abitur wollte ich diese Reise unternehmen, dann nach dem Studium. Beide Male hat es nicht geklappt. Als dann die Rückkehr von einem vierjährigen Auslandsaufenthalt bevorstand und damit ein Einschnitt in meine Karriere,

18 Quelle: www.zitate.de.

beschlossen wir, dass jetzt der richtige Zeitpunkt gekommen ist", sagt er. Andrea wartete, bis sie einen neuen Chef hatte: „Der alte hätte mir wahrscheinlich nicht die Möglichkeit gegeben, wieder ins Unternehmen zurückzukommen. Also habe ich das Thema erst einmal hintangestellt. Unser neuer Vorgesetzter motiviert das Team stark und lässt dem Einzelnen viel Freiraum. Im ersten Jahr habe ich mich unentbehrlich gemacht, im zweiten Jahr habe ich dann gefragt."

Manchmal wird der Zeitpunkt auch von außen an jemanden „herangetragen". Bei einem Burn-out gibt es nicht mehr viele Überlegungen, wann die beste Zeit ist. Auch in Umbruchs- und Orientierungsphasen tragen Sie Ihre Unzufriedenheit einige Zeit mit sich herum, bevor Sie feststellen, dass Sie etwas ändern müssen.

Bei einigen taucht auch der natürliche Sieben-Jahres-Rhythmus des ursprünglichen Sabbatical-Gedankens wieder auf. Nach Jahren der Arbeit haben sie das Gefühl, wieder etwas für sich selbst tun zu müssen und einige Monate Verschnaufpause nötig zu haben.

Die Überlegung, ein Sabbatical zu machen, muss nicht nur in die Arbeits-, sondern auch in die Lebens(zeit)planung miteingeschlossen werden. Da die meisten von uns (wenn überhaupt) nur alle paar Jahre ein Sabbatical machen, ist diese Frei-Zeit kostbar und nicht so schnell wiederholbar. Der Zeitpunkt muss daher ins Lebensschema passen. Eine Auszeit stellt häufig eine Zäsur zwischen zwei Lebens- beziehungsweise Berufsabschnitten dar. Oliver baut regelmäßig Auszeiten in sein Leben ein. Nach dem Abitur ist er für sechs Monate in die USA und nach Paris gegangen und hat dort gejobbt; nach dem Studium hat er mit Freunden eine Weltumsegelung begonnen, die er allerdings nach vier Monaten wegen Schiffbruchs abbrechen musste. Vor der Einschulung seiner Kinder ging es dann wieder ins Sabbatical.

Das Gefühl, etwas abgeschlossen zu haben, dann seinen eigenen Plänen nachgehen zu können und mit klarem Kopf und viel Motivation wieder zurückzukommen, macht einen großen Teil der Energie aus, die Sie nach Ihrer Rückkehr haben werden. Das Sabbatical setzt einen Punkt, auch wenn es nicht über einen längeren Zeitraum geht. Überlegen Sie sich, wann Sie diesen Punkt setzen möchten.

Universität Trier: Arbeits- und Auszeiten erfolgreich managen

„Sie glauben gar nicht, was ich alles zu tun habe!“, klagen nach wie vor viele Führungskräfte, wenn es um ihr Zeitmanagement geht. „Ich glaub’s auch nicht!“, bin ich geneigt zu antworten. Zumindest glaube ich nicht an die Gleichwertigkeit jener Aufgaben, mit denen sich Manager im hektischen Tagesgeschäft befassen (müssen?). Und ich zweifle an der Sinnhaftigkeit diverser Vorgänge, die sich auf den Schreibtischen der Gehetzten wiederfinden.

Andererseits bin ich davon überzeugt, dass ein effizientes Zeitmanagement zu den Kernaufgaben von Führungskräften gehört. Dazu zählt die Beschleunigung jener Aktivitäten, deren schnelle Erledigung besonders erfolgsrelevant ist (z.B. pünktliche Einreichung von Angeboten, prompte Reaktion auf Kundenbeschwerden). Gleichzeitig geht es aber auch um die Entschleunigung von Vorgängen, bei denen sich die Schnelligkeit kontraproduktiv auswirkt (z.B. Verkürzung von Testphasen oder Mitarbeitergesprächen). Und schließlich gehört auch der Verzicht auf überflüssige Arbeitsschritte zu diesen Kernaufgaben eines Managers (z.B. Berichtswesen, Aktenumläufe).

Führungskräfte werden letztendlich dafür bezahlt, dass sie organisieren, planen und Abläufe optimieren. Wer längerfristig zu den Einschätzungen kommt: „Ich habe keine Zeit!“ oder: „Meine Familie kommt viel zu kurz!“, muss Korrekturmaßnahmen einleiten. Sonst hat er entweder seinen Job verfehlt oder zumindest im Bereich Selbstorganisation versagt. Im Management setzt sich die Erkenntnis durch, dass permanente 60-Stunden-Wochen eher einen Beleg für Fehlplanung als für eine besondere Leistung(-sbereitschaft) darstellen. Dies hat einerseits mit dem allgemeinen Wertewandel, andererseits aber auch mit einer Konzentration auf die Kernaufgaben von Führungskräften zu tun (z.B. mit dem persönlichen Energievorrat haushalten).

Die ökonomische Relevanz des Umdenkens belegen einige Ergebnisse aus einer Zeitstudie im mittleren Management.[19] Etwa 20 Prozent der Befragten fühlten sich zeitlich stark in die Enge getrieben: „Man hat eigentlich immer ein schlechtes Gewissen. Das ist wie bei einer Bettdecke, die einfach zu kurz ist. Egal, wohin man zieht, es reicht nicht.“

---

19 Vedder, Günther: Zeitnutzung und Zeitknappheit im mittleren Management, München und Mering 2001.

Anforderungen an Führungskräfte

Weitere 30 Prozent der Interviewpartner beklagten, strategische Aufgaben, konzeptionelle Tätigkeiten und Reorganisationsmaßnahmen vernachlässigen zu müssen. Und 60 Prozent der befragten Führungskräfte gaben an, zu wenig Zeit für das fachliche Lesen sowie die persönliche Weiterbildung reservieren zu können.

Bei der Auswahl jener Tätigkeiten, die dem Zeitdiktat zum Opfer fallen müssen, entscheiden viele Manager offensichtlich nach Dringlichkeit und weniger nach Wichtigkeit. Es fehlen Freiräume für jene zentralen Aufgaben, die eigentlich die Zukunftsfähigkeit des Unternehmens sichern sollen. Unter diesen Bedingungen ist es wichtig, dass mehr Betroffene an individuellen Lösungen ihrer Zeitprobleme arbeiten (z.B. störungsfreie Stunden sichern, Telearbeitstage einlegen). Sie müssen bereit sein, die daraus resultierenden Konflikte auszutragen, wie folgendes Zitat eines Managers aus der Studie verdeutlicht: „Ich nehme mir auch einmal das Recht raus, um 16.30 Uhr zu gehen. Das erfordert etwas Mut, und einige sind einfach zu feige dazu.“ Zeitfragen sind immer Streitfragen, und Zeitmanagement ist letztendlich vor allem auch Widerspruchsmanagement. Wer sich nicht traut, nein zu sagen, der wird mit weiterer Arbeit überhäuft. Jene Befragten in der Studie, die ihren Mut zusammengenommen haben, sind bei ihrem Arbeitgeber in der Regel auf Verständnis gestoßen. Vor allem nach privaten Krisen (z.B. Gesundheitsproblemen, Scheidungen) waren die Betroffenen bereit, ihre Zeitnutzung grundsätzlich zu überdenken und zu verändern.

Der Wunsch nach einem Sabbatical, nach einer Auszeit zum Auftanken der leeren Akkus, fällt in diese Kategorie. Einige Interviewpartner aus dem mittleren Management hatten mit längeren Weiterbildungsphasen sehr gute Erfahrungen gemacht. Für sie war es besonders wichtig, einmal aus dem Tagesgeschäft herauszukommen, neue fachliche Impulse mitzunehmen und zu realisieren, dass es in der Abteilung auch ohne sie geht. Dies hatte deutliche Auswirkungen auf ihr späteres Arbeits- und Zeitverhalten. Es fiel ihnen leichter, zu delegieren und weniger relevante Anfragen nicht zu bearbeiten. Sie wollten diese wichtige Phase in ihrem Arbeitsleben nicht mehr missen. Es wäre sinnvoll, solche Erfahrungen systematisch in die Erwerbsbiografien von Führungskräften zu integrieren. Die Realisierung von individuellen Auszeiten für Manager kann als Beleg für ein fortschrittliches betriebliches Zeitmanagement angesehen werden.

Dr. Günther Vedder, Dipl.-Kaufmann und Dipl.-Soziologe, Fachbereich IV, BWL und Arbeit-Personal-Organisation (APO) an der Universität Trier.

2 Die Dauer des Sabbaticals

Wie lange sollte ein Sabbatical dauern? Auch das ist eine Frage, die sich kaum pauschal beantworten lässt. Die spontane Antwort darauf ist: solange wie möglich. Viele Sabbatical-Nehmer meinen, dass nur eine Auszeit zwischen sechs und zwölf Monaten wirklich nachhaltigen Einfluss auf Körper, Geist und Seele hat. „Das Karussell in meinem Kopf, die Gedanken an die Arbeit, das Leben zu Hause haben sich erst nach drei bis vier Monaten verflüchtigt.“ Andere benötigen weniger Zeit: „Nach acht Wochen war ich nur noch im Hier und Jetzt. Kunden, Probleme zu Hause – all das hat mich nicht mehr interessiert.“ Bei mir persönlich ging das Abschalten noch schneller. Dass dies bereits nach vier Wochen möglich war, hing mit Sicherheit damit zusammen, dass ich tagtäglich strapaziösen körperlichen Belastungen ausgesetzt war. Im Handumdrehen wurden andere Dinge wichtig, grundlegendere als der Ärger und der Stress bei der Arbeit oder die Frage, wie es konkret weitergehen wird.

Wie lange der Zeitraum ist, den man benötigt, um den Alltag hinter sich zu lassen, lässt sich vermutlich auch für sich selbst im Vorhinein schwer einschätzen. Denn wieder andere wie Andrea machen die Erfahrung, dass sie nach fünf Monaten wieder nach Hause zurückkehren möchten und die letzten Wochen der Auszeit dann eher ein „Abhaken" oder „Absitzen" sind.

Länger als ein Jahr wegzubleiben wird dagegen von Sabbatical-Nehmern wie Unternehmen kritisch beurteilt. Auf beiden Seiten gibt es Befürchtungen, dass der Wiedereinstieg in den Job und ins „geregelte" Leben schwer zu schaffen sei. Es gilt auch hier: Ihre Persönlichkeit und die Ausgangssituation sind relevant. Sind Sie körperlich stark überlastet, brauchen Sie zunächst einmal viel Zeit, um sich physisch erholen zu können; danach ist erst Platz für das mentale Relaxen und die neuen Ideen.

Ohnehin ist es oft schwierig, die gewünschte Länge für das Sabbatical beim Chef durchzusetzen. Meist übt dieser Druck aus, die Dauer eher zu verkürzen, wenn nicht ohnehin der maximale Zeitrahmen durch die Betriebsvereinbarungen festgeschrieben ist.

Ein weiterer Faktor, der der Länge der Auszeit oft Grenzen setzt, ist natürlich die Finanzierung. Rechnen Sie lieber etwas großzügiger und planen Sie finanzielle Rücklagen ein, gerade wenn Sie ohne Jobgarantie gehen. Andererseits müssen Sie bei der Sabbatical-Planung auch bedenken, dass es einige Jahre dauern kann, bis Sie wieder eine Auszeit nehmen können. Deswegen: Jetzt „nur mal so probieren, und wenn es etwas bringt, dann noch mal länger gehen" – dieses Prinzip wird nicht funktionieren.

Universität Bremen: Arbeitswelt und Restgröße Leben[20]

Arbeits- und Lebenswelten befinden sich in einem beständigen Wandel, der sich gegenwärtig jedoch stark dynamisiert hat. Durch diese Umwälzungen sind viele der früher fest gefügten Zeitmuster weitgehend passé und die ehemalige Normalarbeitszeit als Bezugsgröße im Verschwinden begriffen. Dafür sehen sich Berufstätige heute einer wachsenden Palette von Flexibilisierungsmodellen gegenüber, die auf verschiedenen Ebenen greifen: Befristete Beschäftigungszeiten, Teilzeitarbeit, Arbeitszeitkontensysteme bis hin zu Sabbaticals verändern das Arbeitszeitgefüge von immer mehr Beschäftigten.

Unternehmen versuchen mit Hilfe dieser Instrumente auf schnell wechselnde Nachfrage und veränderte Marktbedingungen im globalisierten Wettbewerb zu reagieren und die Anpassung der Arbeitsabläufe immer effektiver voranzutreiben. Doch wenn die Produktqualität stimmen soll, setzt dies hochqualifiziertes und motiviertes Personal voraus. Flexible Arbeitszeitsysteme sollen den Arbeitskräften daher außerdem individuelle Anreize bieten und erweiterte Spielräume zur persönlichen Verwendung in Aussicht stellen. Theoretisch liegt damit also eine Win-win-Situation vor, die in der Praxis allerdings mit Vorsicht zu genießen ist. Denn als Baustein zur Optimierung schließt Flexibilisierung auch Personalabbau und neue Konzepte der Arbeitsorganisation ein, die nicht selten Arbeitsverdichtung und Leistungsintensivierung nach sich ziehen.

Der Trend zur Selbstorganisation von Arbeitsprozessen, beispielsweise durch Einführung von Vertrauensarbeitszeit oder Zielvereinbarungen, vergrößert zwar einerseits die Autonomie der Mitarbeiter/innen; andererseits aber erwachsen daraus neue Verantwortlichkeiten, die ihnen ein gesteigertes Engagement im Job abverlangen. Dem Gewinn an Chancen zur Selbstbestimmung und Verwirklichung eigener Ziele stehen neue Zwänge der Selbstkontrolle und Selbstoptimierung gegenüber. Damit verwischen zugleich bisherige Grenzen zwischen betrieblichen und privaten Interessen und Zeiten. So sorgen neben der Intensivierung der

20 Als Dissertationsprojekt am Institut Arbeit und Wirtschaft (IAW) der Universität Bremen untersuchte die Volkswirtin und Sozialwissenschaftlerin im Rahmen einer qualitativen Studie insbesondere die Motive und Erfahrungen der Nutzerinnen und Nutzer von Sabbatical-Modellen. Die Ergebnisse sind veröffentlicht unter dem Titel: Sabbaticals – Optionen der Lebensgestaltung jenseits des Berufsalltags. Verlag Peter Lang, Frankfurt/Main 2005.

Arbeitsanforderungen zunehmend Probleme der Vereinbarkeit mit Ansprüchen und Bedürfnissen jenseits der Erwerbsarbeit für steigende Belastungen. Im Resultat ist das Lebensgefühl im Alltag der meisten Berufstätigen bestimmt von Hetze, Stress und Zeitnot.

Es verwundert deshalb nicht, dass das Angebot einer temporären Auszeit vielen Menschen als Erfüllung eines Wunschtraums erscheint. Sie verbinden damit die Hoffnung, sich aus dem tagtäglichen zeitlichen Korsett und der prekären Balance zwischen „viel Arbeit" und einer „Restgröße" Leben zumindest phasenweise zu befreien. Was auf den ersten Blick wie ein besonderer Luxus erscheint, hat bei genauem Hinsehen jedoch eher die Funktion einer Notbremse, um – oft erst nach den ersten Alarmsignalen – auf andauernde Überlastung zu reagieren.

Dennoch: Als Ausweg für gestresste Seelen oder zum dringenden Aufladen der Batterien sind Sabbaticals ohne Zweifel bestens geeignet. Aber sie sind noch mehr, denn: auch die Lebenswelt und Lebensformen haben sich heute dramatisch verändert. In der Folge formulieren die Menschen neue Ansprüche an ihre Lebensqualität und -gestaltung, die über das Sichern des materiellen Wohlstands weit hinausgehen. Persönliche Interessen und individuelle Entfaltung beziehen sich auf eine vielfältige Bandbreite von Aktivitäten innerhalb und jenseits der Berufstätigkeit: Ob Meditieren, Renovieren oder eine Fernreise mit dem Rad, das Ausprobieren neuer Berufsfelder, das Erlernen neuer Fähigkeiten, Engagement im Ehrenamt, in der Kindererziehung oder der Pflege von Angehörigen – all dies benötigt mehr Zeit und Muße, als im beruflichen Alltag häufig zur Verfügung stehen. Freistellungsoptionen wie Sabbaticals können hier eine wichtige neue Chancen für Zeitsouveränität, Gestaltung und Integration an der Schnittstelle von Berufs- und Privatleben eröffnen.

Dr. Barbara Siemers, Partnerin bei JobConsultingPlus, Bremen.

Das Wichtigste in Kürze:

- Der Zeitpunkt zum Ausstieg ist meist nie perfekt.

- Aus beruflicher Sicht geeignete Zeitpunkte sind zum Beispiel:
  - zwischen zwei Projekten,
  - vor einer Versetzung oder Beförderung,
  - vor der Übernahme einer anderen Verantwortung,
  - in einer auftragsschwachen Zeit.

- Die geeignete Dauer der Auszeit ist von der individuellen Situation abhängig, das heißt:
  - ob es Begrenzungen der Auszeit in der Betriebsvereinbarung gibt,
  - ob ich in die Auszeit gehe, um einen persönlichen Traum zu verwirklichen oder um mich von einem Burn-out zu regenerieren,
  - wie lange ich brauche, um vom Alltag abzuschalten,
  - wie sehr ich mein gewohntes Umfeld brauche, um mich wohlzufühlen.

- Auszeiten von mehr als 12 Monaten werden sowohl von Unternehmen als auch von vielen Sabbatical-Nehmern als zu lang betrachtet.

VIII

Zu zweit, mit der ganzen Familie oder allein?

Zu mancher richtigen Entscheidung kam es nur, weil der Weg zur falschen gerade nicht frei war.

HANS KRAILSHEIMER, DEUTSCHER APHORISTIKER

1 Alleine unterwegs

Reisen macht zu zweit mehr Spaß, dies scheint unbestritten. Aber gilt das, was für den zwei- oder dreiwöchigen Urlaub zutrifft, auch für eine längere Auszeit? Wer alleine unterwegs ist, erlebt die Zeit oft intensiver, die Höhen wie die Tiefen. Einige Sabbaticaler sind zudem der festen Überzeugung, dass eine Auszeit nur dann einen Nutzen mit sich bringt, wenn man alleine unterwegs ist. „Reist man zu zweit, ist die Gefahr, sich abzuschotten, wesentlich größer. Man ist nicht darauf angewiesen, jemanden kennenzulernen, um sich auszutauschen und zu unterhalten. Da der Partner viele Dinge übernehmen kann, muss man keinen Fremden um Hilfe bitten", resümiert Verena ihre Einstellung.

Für andere war es gut, alleine zu reisen, aber nicht zwingend notwendig. Allerdings haben alle das Alleinreisen letztendlich als sehr positiv erlebt.

Auf meiner eigenen Tour bin ich auf die verschiedensten Reise-„Zusammensetzungen" gestoßen und habe diese auch sehr unterschiedlich erlebt. Ich habe sowohl mit Alleinreisenden als auch mit Paaren leicht in Kontakt kommen können und wurde schnell mit einbezogen. Nur mit Familien gestaltete es sich etwas schwieriger, da sie wegen der Kinder teilweise einen anderen Tagsablauf hatten und meist mit sich selbst beschäftigt waren. Familien finden aufgrund der gleichen Situation sicherlich eher zu Familien Kontakt. Ich als allein reisende Frau wurde dagegen oft angesprochen; mir wurde Hilfe angeboten, man fragte mich nach dem „Woher" und dem „Wohin". Auch den Einheimischen fiel es offensichtlich leichter, mit einer einzelnen Person ins Gespräch zu kommen.

Christine ging es ähnlich. Sie reiste sechs Monate durch die USA und lebte bei den Lakota-Sioux-Indianern. Wenn sie etwas benötigte oder suchte, bekam sie prompt Hilfe; verspürte sie das Bedürfnis, alleine zu sein, wurde sie nicht angesprochen.

Andrea bezeichnet sich selbst als „nicht unbedingt sehr extrovertiert“. Sie verbrachte viel Zeit alleine und musste für sich erst einmal lernen, stärker als bisher auf Unbekannte zuzugehen.

Das Aufgeschlossensein und Auf-andere-Zugehen hängt wohl eher von der eigenen Haltung ab als davon, ob man alleine oder zu zweit reist. Bitte ich jemanden um eine Wegauskunft oder irre ich erst einmal stundenlang allein umher? Bin ich bereit, jemanden zu fragen, ob er mir beim Verarzten der Wunde helfen kann, oder mühe ich mich alleine ab?

Vor allem in der Anfangsphase kann es eine große Hilfe sein, sich mit einem anderen Reisenden für einige Tage zusammenzuschließen. Sorgen, dass das Alleinsein schwerfallen könnte, zerstreuen sich dann schnell. Ist der andere zudem jemand, der schon erfahrener als man selbst im Reisen ist oder das Land und die Sprache gut kennt, erleichtert es den Einstieg in den „Ausstieg“. Auf der anderen Seite sind Sie nicht verpflichtet, die ganze Zeit mit der neuen Begleitung zu verbringen, und können sich problemlos wieder trennen.

Nicht wenige Singles, die allein ins Sabbatical gehen, lernen in dieser Phase oder kurze Zeit später einen neuen Partner kennen. Die Auszeit hat verändert. Man ist gewachsen, selbstbewusster geworden, ist sich selbst auch ein Stück nähergekommen. In vielen Situationen, auch in der Wahl des Partners, legt man nicht mehr das gleiche Raster an wie zuvor.

Verena lernte ihren Traummann in Indonesien kennen. Der Holländer war ebenfalls auf Weltreise und schon einige Monate länger unterwegs. Zunächst war er für Verena nur ein Reisepartner wie viele andere auch. Doch Station um Station ihrer gemeinsamen Route brachten sie einander näher. Noch während ihrer Reise wurden sie ein Paar. „Nachdem ich wieder zu Hause war, ließ mein Freund sich nach Deutschland versetzen. Unsere Beziehung dauert nun schon über drei Jahre“, berichtet sie strahlend.

2 Sabbatical in der Partnerschaft

Für Singles ist es naheliegend, dass sie die Vorteile des „Alleingangs“ propagieren. Doch was ist, wenn man auf Partner, Ehe oder Familie Rücksicht nehmen muss? Heißt das, dass die Auszeit dann nicht tatsächlich „etwas bringt“? Mit Sicherheit nicht. Auch und gerade in der Lebensgemeinschaft kann eine Auszeit ganz neue Impulse geben. Auf der anderen Seite aber bedeutet, Partner und Familie zu haben, ebenso wenig, dass Sie gezwungenermaßen zu zweit unterwegs sein müssen. Die Entscheidung, ob Sie alleine gehen oder mit Partner und Familie, ist von der Lebenssituation und der Motivation, ins Sabbatical gehen zu wollen, abhängig. Egal, ob Sie miteinander oder alleine unterwegs sind, diese besondere Zeit wird Ihre Beziehung auf die Probe stellen.

Sich in einer Partnerschaft dafür zu entscheiden, die Auszeit für sich alleine zu beanspruchen, wird nicht selten als Kriegserklärung an die Beziehung gewertet. Was es auch sein kann, aber nicht muss. Wenn es Ihr persönlicher Traum ist, sechs Monate in Alaska zu verbringen oder die Seidenstraße mit dem Fahrrad zu erkunden, muss dieser Traum nicht unbedingt vom Partner geteilt werden. Vielleicht steckt ihr Lebensgefährte auch in einer anderen Lebenssituation, die für ihn größere Priorität besitzt; die Karriere beispielsweise. Oder er macht eine Aus- oder Weiterbildung, die den größten Teil seiner Freizeit beansprucht. Dann kann der Wunsch, alleine in die Auszeit zu gehen, von der anderen Seite sogar begrüßt werden, da den Betroffenen meist klar ist, dass ansonsten kaum Zeit und Energie für die Partnerschaft bliebe.

Schwieriger wird es, wenn der Partner ebenfalls eine Auszeit nehmen möchte, seine Firma diese aber nicht genehmigt. Der eine macht die Weltreise, der andere schaut ins Leere. In einer solchen Konstellation müssen beide viel Verständnis und Gesprächsbereitschaft aufbringen, um Spannungen, Eifersucht und Streit zu vermeiden. Aber auch hier sind wieder die Motive entscheidend: Gehe ich in die Auszeit, weil ich überarbeitet bin? Befinde ich mich in einer Umbruchsphase und versuche mich beruflich neu zu orientieren? Brauche ich die Zäsur, um zu mehr Ausgeglichenheit und Stabilität zurückzufinden? Für solche Beweggründe wird jeder Partner Verständnis haben. Wichtig ist nur, dass Sie gemeinsam Pläne schmieden.

Bleibt ein Partner zu Hause und geht der andere auf Reisen, gibt es immer noch die Möglichkeit, dass der eine dem anderen nachreist und man zwei oder drei Wochen gemeinsam verbringt. Falls Sie das beabsichtigen, planen Sie sorgfältig und bereiten Sie sich auf das Treffen der zwei unterschiedlichen „Welten" persönlich gut vor. Wer aus der beruflichen Hektik kommt und im dreiwöchigen „Schweinsgalopp" Urlaubsfreuden, Entspannung und die Beziehung neu erleben möchte, hat mit Sicherheit ein anderes Zeitgefühl und Herangehen als der Partner, der schon seit vier Monaten unterwegs ist und noch ein halbes Jahr vor sich hat. Auch hier ist auf beiden Seiten wieder viel Toleranz und Verständnis für den anderen und seine Situation nötig, damit die kurze gemeinsame Zeit in positiver Erinnerung bleibt.

Etwas anderes gilt es in diesem Zusammenhang noch zu bedenken. Wer alleine ins Sabbatical geht, muss damit rechnen, dass auch der andere, der nicht ins Sabbatical gegangen ist, ein „neuer" Mensch geworden ist. Denn auch er hat quasi eine neue Situation erfahren, mit neuen Eindrücken und Anforderungen. Auch dies kann zu einer die Persönlichkeit prägenden Erfahrung werden. Die Vorstellung, aus dem Sabbatical zurückzukehren und einen unveränderten Partner vorzufinden, ist trügerisch. Beide – wohlgemerkt beide – haben sich in ihrer Persönlichkeit unabhängig voneinander verändert, was zu Konsequenzen führen kann. Paarbeziehungen, die über keine stabile Basis verfügen, sind dann kaum noch aufrechtzuerhalten. Die Werbekauffrau Anne nahm alleine eine Auszeit. Auch wenn ihr Sabbatical und ihre Reise nur kurz waren, wurde ihr danach bewusst, dass die Beziehung nicht mehr stimmte, und sie trennte sich von ihrem langjährigen Partner.

Für viele Paare ist die Entscheidung ganz selbstverständlich – entweder gehen wir gemeinsam oder überhaupt nicht. Weder Anton und Gabi noch Gerlinde und Gerald oder Alexandra und Peter mussten lange überlegen. Alle drei Paare sind als Duo weggefahren und auch als Duo wiedergekommen. Für Gerald war die gemeinsame Auszeit „auch ganz klar eine Investition in unsere Beziehung, in unser Privatleben. Wir wollten mehr Zeit für unsere Freunde, unsere Familien und uns als Paar haben." Nicht anders sieht es Gerlinde, seine Frau: „Die gemeinsame Zeit hat uns noch mehr zusammengebracht. Wir haben vorher schon viel Wert auf eine Balance zwischen Arbeit und Privatleben gelegt, und diese kam uns nun zugute. Streit oder Meinungsverschiedenheiten gab es praktisch nie."

Ob mit oder ohne Partner in die Auszeit: Sie ist immer eine Chance zur Veränderung und zum Wachstum. Wenn Sie liebevoll und großzügig zu sich und im Umgang mit Ihrer Partnerschaft sind, wird die Veränderung immer positiv sein, unabhängig davon, ob das Sabbatical Sie mit dem Partner noch fester zusammenbringt oder Sie sich für getrennte Wege entscheiden.

Mit der gesamten Familie ins Sabbatical zu gehen erscheint auf den ersten Blick unmöglich. Beispiele zeigen aber immer wieder, dass es funktionieren kann. „Bei uns ging es gerade darum, wieder mehr Zeit füreinander und besonders für die Kinder zu haben. Als die Einschulung unseres ältesten Sohnes bevorstand, merkten wir, dass damit auch für uns als Familie ein neuer Abschnitt beginnen würde. Entweder würden wir jetzt in die Auszeit gehen, oder wir müssten einige Jahre damit warten“, sagt der Geschäftsführer Oliver, der vor drei Jahren mit seiner Frau und den drei Söhnen, die damals im Alter von einem, fünf und sechs Jahren waren, ins Sabbatical ging. Sechs Monate unbezahlten Urlaub nahm er sich. Die Familie verbrachte so vier Monate in einem Haus am Strand auf Mallorca, ging dann nach Frankreich und fuhr vier Wochen vor Ablauf des halben Jahres wieder nach Deutschland zurück, um noch genügend Zeit zum Wiedereinleben zu haben.

Die wichtigste Voraussetzung für eine Auszeit mit der Familie ist eine langfristige und sorgfältige Planung. Sind die Kinder noch im Vorschulalter, gibt es wenig organisatorische Probleme beim mehrmonatigen Sabbatical. Gehen die Kinder bereits zur Schule, ist es recht schwierig, eine längere Freistellung zu organisieren. In diesem Fall kann es zunächst sinnvoll sein, sich eine Blockfreizeit von einigen Wochen zu nehmen, um wenigstens die großen Ferien vollständig mit der Familie verbringen zu können.

Auf die Frage, was das Sabbatical der Familie gebracht hat, meint Oliver: „Die Kinder sind in dieser Zeit unglaublich selbstbewusst geworden. Und mir ist klar geworden, welche Beanspruchung meine Frau tagtäglich erlebt und wie wichtig ein präsenter Vater für die Entwicklung der Kinder ist.“

Hans-Böckler-Stiftung: Herausforderung Familien(zeit)management[21]

Eine sozialverträgliche Arbeitszeitgestaltung muss auch den individuellen lebensgemeinschaftlichen beziehungsweise familiären Anforderungen entgegenkommen. Dieser Aspekt stellt insbesondere qualitative Ansprüche an die Verteilung der Arbeitszeit über die Woche, den Monat und das Jahr. Von Politik, Unternehmen und Gewerkschaften nur zögerlich angegangen, forderten die von uns befragten, abhängig Beschäftigten mit Familie[22] umso vehementer eine Intensivierung der Diskussion um eine sozialverträgliche Arbeitszeit. Dies überrascht nicht, da das Zusammenleben mit Partner/in und Kindern bewusst auf eine gemeinsame Zeitgestaltung ausgerichtet ist und zudem noch die Zeitaufteilung der einzelnen Familienmitglieder abgestimmt und koordiniert werden muss (Arbeits-, Kindergarten- und Schulzeiten, Sportvereine, Musikschule, Krankengymnastik etc.).

Auf auftretende Inkompatibilitäten zwischen Arbeitszeiten und sozialen Zeitrhythmen reagieren Familien daher besonders sensibel. Neben der Vereinbarkeit ist die Vereinbarung, also der Prozess der Abstimmung innerhalb der Familie, wichtig. Es muss laufend zwischen konkurrierenden individuellen, sozialen und strukturellen Interessen und Anforderungen abgewogen und vermittelt werden. Durch aktive Planung entstehen daraus gewisse feste Vereinbarkeits-Arrangements und Routinen, die dem Alltag eine Struktur und damit Planbarkeit und Sicherheit verschaffen. Schon bei kleineren Abweichungen oder gelegentlichem „Durchbrechen" der Alltagsroutine (z.B. Unterrichtsausfall, Verschiebung der Arbeitszeiten) müssen Zwischenlösungen gefunden werden.

---

21 Ergebnisse des Forschungsprojekts „Blockfreizeiten und Sabbaticals – Neue Muster der Arbeitszeitverteilung", das untersucht, welche Auswirkungen die ungleichmäßige Verteilung der Arbeitszeiten auf die Vereinbarkeit von Beruf und außerberuflichem Leben, insbesondere auf Zeiten für Kinderbetreuung und das Familienleben, hat. Weitere Ergebnisse der Studie können unter www.wsi.de nachgelesen werden.

22 Qualitative Interviews mit 28 abhängig Beschäftigten verschiedener Branchen, deren Zeitmuster nicht der klassischen Normalarbeitszeit entsprechen, sowie zehn Interviews mit Kindern aus den Familien der Beschäftigten.

Dieser komplizierte Prozess erfordert von den Familien eine hohe Kompetenz im Arbeitszeit- und Familien(zeit)management und wird vor dem Hintergrund der jeweiligen partnerschaftlichen und familiären Arrangements getroffen.

Bei den Befragungen zeigte sich, dass Eltern sowohl unterschiedliche Vorstellungen über die Zeitbedürfnisse ihrer Kinder haben als auch über die von den Kindern gewünschte Qualität und Quantität der Betreuung. Die Arbeitszeiten der Eltern sind den Kindern bewusst und setzen den Rahmen für den kindlichen Tagesablauf. Für Kinder stellen sie einen wichtigen Orientierungspunkt bei der Planung ihrer Alltagszeiten dar. Auf Überstunden und kurzfristige Änderungen der Arbeitszeiten reagieren deshalb nicht nur kleine Kinder mit Missfallen. Die Regelmäßigkeit der zeitlichen Abläufe ist morgens vor der Arbeit am größten, weil die Zeit dann noch weitgehend selbst steuerbar ist. Der tägliche Rhythmus der Familie macht sich dabei häufig an gemeinsamen Mahlzeiten fest.

Weitere Eckpunkte der alltäglichen Zeitgestaltung sind bewusste, wiederkehrende Rituale wie gemeinsames Teetrinken am Nachmittag, dem Samstags-Morgen-Brunch und dem weitverbreiteten Zu-Bett-Bringen der Kinder. Diese Rituale dienen der Sicherstellung von Sinn und Anteilnahme im Zusammenleben zwischen Eltern und Kindern. Gerade die Kinder fordern diese Rituale ein und beschweren sich, wenn das Ritual lustlos oder unter Zeitdruck ausgeführt wird. Die Bedürfnisse und Wünsche, die Kinder an ihre Eltern richten, drängen meist auf eine Erfüllung innerhalb kürzester Zeit. Die meisten Familien versuchen daher, durch eine entspanntere Zeitgestaltung am Wochenende einen bewussten Ausgleich zum Zeitdruck an den Werktagen zu schaffen. Für die familiären Bemühungen um eine Zeitqualität im Alltag sind Sabbaticals daher keine große Unterstützung, da Zeitausgleich hier erst Monate später eintritt.

Besondere familiäre Situationen und „Wechselfälle des Lebens" – wie Schulprobleme, Krankheit, Pubertätsphasen und Umzug – sind im Alltagsablauf dagegen oft nicht zu bewältigen. In Unternehmen, in denen Sabbaticals oder Blockfreizeiten möglich sind, nutzen Beschäftigte daher gerade Auszeiten von ein, zwei oder drei Monaten, um die Einschulung des Kindes oder den Wiedereinstieg der Partner/in in den Beruf zu begleiten beziehungsweise um die sechswöchigen Sommerferien der Schulkinder gemeinsam mit der ganzen Familie zu verbringen. In solchen Situationen können (Kurz-)Sabbaticals das Familien(zeit)management enorm unterstützen.

Svenja Pfahl und Stefan Reuyß, Wirtschafts- und Sozialwissenschaftliches Institut in der Hans-Böckler-Stiftung. Das Projekt wird von Dr. Christina Klenner betreut und ist vom Ministerium für Arbeit und Soziales, Qualifikation und Technologie (MASQT) in Nordrhein-Westfalen in Kooperation mit der Hans-Böckler-Stiftung gefördert.

Das Wichtigste in Kürze:

- Ob mit oder ohne Partner in die Auszeit: Sie ist immer eine Chance zur Veränderung und zum Wachstum.
- Alleine ins Sabbatical zu gehen wirft uns oftmals hart auf uns selbst zurück. Der innere Gewinn kann dadurch größer sein.
- Wenn Sie in einer Partnerschaft sind: Egal, ob Sie miteinander oder alleine unterwegs sind, diese besondere Zeit wird Ihre Beziehung auf die Probe stellen.
- Familienauszeiten sind vor der Einschulung der Kinder am besten zu verwirklichen.
- Einem Bedürfnis der Kinder nach mehr Zeit mit ihren Eltern kommen oft Blockfreizeiten von mehreren Wochen näher als ein mehrmonatiges Sabbatical.

IX

Vorbehalte und Ängste – was ist dran?

Die einzige Begrenzung, das Morgen zu verwirklichen, werden unsere Zweifel von heute sein.

Franklin D. Roosevelt, amerikanischer Politiker

1 Wunsch und Wirklichkeit

Eine Studie von Infratest Burke zeigt das Auseinanderklaffen von Wunsch und Wirklichkeit mehr als deutlich: 57 Prozent der Erwerbstätigen in Europa würden nach einigen Arbeitsjahren gerne eine längere Pause einlegen. Aber nur für 7 Prozent der Befragten kommt dieser Traum tatsächlich in Frage.[23] Denn zum einen bietet eine verschwindend geringe Zahl von Unternehmen diese Maßnahme überhaupt an, zum anderen befürchten Arbeitnehmer Nachteile, wenn sie ein Sabbatical in Anspruch nehmen.

Wie stark Ängste und Bedenken tatsächlich auf Arbeitnehmerseite vorherrschen, wird auch durch die Umfrage der Career Company unter 600 jüngeren Akademikern widergespiegelt.[24] Für die Mehrzahl der Befragten (gut 60 Prozent) war das Angebot flexibler Arbeitszeitregelung bis hin zur Sabbatical-Option ein entscheidendes Kriterium bei der Auswahl der Firma. Die zeitliche Souveränität wird nach Aussage des Arbeitszeitberaters Dr. Hoff gerade bei jungen und qualifizierten Mitarbeiter zusehends mehr geschätzt.[25] Die Frage ist nicht mehr: Karriere oder Freizeit, sondern: Wie lassen sich Karriere und Freizeit vereinbaren. „Das Klischee des Workaholics ist überholt", schreibt managerSeminare.[26] Gleichzeitig äußerten aber mehr als 40 Prozent derselben Befragten die Sorge um den Verlust ihres Arbeitsplatzes, und wiederum 30 Prozent befürchteten Imageverluste, wenn sie eine Auszeit in Anspruch nähmen.

---

23 Bielenski, Harald: Erwerbswünsche und Arbeitszeitpräferenzen in Deutschland und Europa. Ergebnisse einer Repräsentativbefragung. In: WSI Mitteilungen 4/2000. S. 228–237.

24 Career Company 2001.

25 Vgl. auch Dr. Andreas Hoff: Langzeit- und Lebensarbeitszeitkonto: Grundfragen und Entwicklungstrends. In: Personal 10/2001. S. 550–553.

26 Quelle: managerSeminare 51/2001.

„Je länger Personen bereits im Berufsleben stehen, desto weniger lassen sie sich durch vergleichbare Ängste und Vorbehalte in ihrer Arbeitswelt leiten“, so die Einschätzung der Arbeitszeitberatung Dr. Hoff, Weidinger, Herrmann. Dr. Hoff weiter: „Das Nehmen eines Sabbaticals hat viel mit Selbstbewusstsein, und zwar mit persönlichem wie beruflichem, zu tun, und das bildet sich erst mit der Zeit heraus. Wichtig dürfte dafür gerade eine längere Bindung zum Arbeitgeber sein, die im Übrigen durch das Angebot von Sabbaticals gestärkt wird.“

Zur persönlichen Entscheidung, ob ein Sabbatical in Frage kommt, gehört sicherlich auch die Beschäftigung mit den „weichen“ Faktoren, den Ängsten und Vorbehalten. Je weniger der Anspruch auf ein Sabbatical im Unternehmen geregelt ist und je weniger Mitarbeiter bereits eine Auszeit genommen haben, desto stärker werden die Befürchtungen und desto dringender wird die Auseinandersetzung mit ihnen.

2 Arbeitsplatzverlust

Die Sorge um den Arbeitsplatz ist sicherlich eines der nachvollziehbarsten Argumente gegen die Auszeit. „Als sich bei uns im Unternehmen vor Jahren einmal jemand eine Auszeit genommen hat, musste sie kündigen. Da ich meinen Job gerne mag und ihn behalten möchte, habe ich nie mit dem Gedanken gespielt, ein Sabbatical zu machen“, so nüchtern umreißt Harald, Angestellter in einem Verlag, die Lage. Dass es heute sogar gesetzliche Regelungen und Anspruch auf Freistellung gibt, ändert nichts an seiner skeptischen Haltung. Nicht viel anders klingt es bei der Fernsehredakteurin Sabine: „Die würden mich glatt feuern, wenn ich fragen würde.“

Dabei beinhaltet das neue Teilzeitgesetz nicht nur den individuellen Anspruch auf Reduzierung der Arbeitszeit, sondern auch ein ausdrückliches gesetzliches Verbot, dass Beschäftigte, die Rechte nach dem neuen Gesetz wahrnehmen, benachteiligt werden. Erfolgt aus diesem Grund eine Kündigung, wäre sie demnach unwirksam. Hat man den Sabbatical-Vertrag auf dem Tisch liegen, in dem der Anspruch auf den Arbeitsplatz festgehalten ist, kann es zwar in Ausnahmenfällen noch immer sein, dass es zur betriebsbedingten Kündigung kommt, dann allerdings hat dies primär nichts mit der Auszeit zu tun, sondern mit der Situation des Unternehmens allgemein. In diesem Fall ist es möglich, dass Ihnen der Arbeitgeber eine Abfindung zahlen muss oder sich sogar um ein Outplacement, das heißt einen neuen Arbeitsplatz bei einem anderen Arbeitgeber, kümmert.

Wie groß die Gefahr tatsächlich ist, seinen Arbeitsplatz allein schon aufgrund einer Sabbatical-Anfrage zu verlieren, ist sicher schwierig zu beurteilen. Stellungnahmen von Personalverantwortlichen klangen dann mitunter erschreckend zynisch: „Will ich jemanden loswerden, und er fragt nach einem Sabbatical, lasse ich ihn gerne sofort gehen. Mit Kusshand. Aber ohne Jobgarantie." Sie müssen damit rechnen, dass auch dieser Fall eintreten kann. In der Regel hat man jedoch ein ganz gutes Gespür dafür, ob das Unternehmen an einer Weiterbeschäftigung interessiert ist oder nicht. Zur Frage, ob die Bitte um eine Auszeit von Unternehmen genutzt wird, um unliebsame Mitarbeiter nicht länger beschäftigen zu müssen, meint Dr. Hoff: „Diese Erfahrung haben wir nicht gemacht. Mitarbeiter, die nach einem Sabbatical fragen, sind ganz im Gegenteil meist sehr geschätzt – und man freut sich, wenn sie anschließend mit neuem Schwung zurückkehren."

Oftmals ist es aber auch aufgrund der Gegebenheiten nicht möglich, eine Wiedereinstiegs-Garantie zu geben. Das hängt maßgeblich auch von der Größe des jeweiligen Betriebes ab – je größer das Unternehmen, desto leichter ist es sicher, eine wünschenswerte Arbeitsplatzflexibilität zu praktizieren.

Wie soll man, wie kann man nun aber mit der Furcht vor einem Jobverlust umgehen? Angst ist zwar ein natürlicher Bestandteil unseres Lebens und bisweilen ein instinktsicherer Lenker. Andererseits aber können Angstzustände zu einem lähmenden Korsett werden. Wir kennen das alle – die Sicht ist getrübt, die Perspektive stark eingeschränkt, der Blick auf das Ganze geht verloren. Was ist in einer derartigen Situation zu tun?

Ich persönlich habe mir angewöhnt, solche Probleme wie ein Projekt zu sehen, das ich bearbeiten muss. Allein durch diesen Vorgang habe ich schon ausreichend Abstand gewonnen und kann rationaler damit umgehen. Denn jetzt geht es darum, eine Arbeit zu erledigen. Ich schreibe in der dritten Person (Distanz!) auf, was genau das Problem ist und wovor ich Angst habe. Danach sammle ich Fakten zum Problem und trage alle Informationen zusammen, die ich finden kann. Alle Argumente und Überlegungen werden so notiert, als seien sie für eine andere Person bestimmt. Das schafft Distanz und vermindert Gefühlschaos. Einerseits vernehme ich dann eine innere Stimme, die mir alle erdenklichen Befürchtungen ins Ohr flüstert; andererseits höre ich aber auch mein Herz, das mir von meinen Sehnsüchten erzählt. Und schließlich ist da die nüchterne Stimme der Vernunft, die abwägt und prüft. Danach überlege ich, was das Worst-Case Szenario ist: Was könnte im schlimmsten Fall passieren? Was tue ich, wenn man mir wirklich kündigt? Und schließlich schreibe ich auf, was ich tun könnte, um diesen schlimmsten aller anzunehmenden Fälle abzumildern oder sogar abzuwenden.

Haben Sie sich alle diese Fragen, Fakten und Lösungsmöglichkeiten vor Augen gehalten, werden Sie feststellen, wie berechtigt oder unberechtigt Ihre Angst vor dem Verlust des Arbeitsplatzes ist. Besprechen Sie Ihre Ergebnisse mit Ihrem Partner oder einem guten Freund. Auf alle Fälle bekommen Sie durch diese Vorgehensweise ein Gefühl dafür, ob und wie viel Risiko Sie bewusst eingehen möchten. Will man sein „Projekt" nicht alleine oder mit Freunden bearbeiten, kann man sich professionelle Hilfe bei einem Coach holen.

3 Karriereknick?

Eine beängstigende Vorstellung. Doch was ist damit konkret gemeint? Dass nach dem Sabbatical die Karriere komplett vorbei ist? Oder dass es erst einmal einige Stufen hinabgeht und man sich wieder hocharbeiten muss? Oder handelt es sich hier wieder größtenteils um eine Art „Angst-Phantom", das in diesem Sinne gar nicht zutrifft? Auch hier gilt: Versuchen Sie, strukturiert und (möglichst) rational an die Frage heranzugehen, denn es gibt viele Abstufungen in diesem Bereich.

Ich kann Sie beruhigen. Nicht nur bei den von mir befragten Sabbaticalern stellt sich kein Karriereknick ein; eher war ein Aufstieg nach dem Ausstieg zu beobachten. Auch in der Presse liest man fast ausschließlich Berichte vom erfolgreichen Wiedereinstieg. Da stellt der Fall eines Mitarbeiters der Unternehmensberatung Accenture schon beinahe eine Ausnahme dar.[27] Ein promovierter Diplomkaufmann musste nach seiner sechsmonatigen Auszeit einen Abstieg in Kauf nehmen. Als Personaler mit einem Team von 15 Mitarbeitern ausgestiegen, ist er jetzt Leiter der internen Kommunikation mit nur zwei Mitarbeitern.

Selbst wenn Ihr Arbeitsvertrag also aufrechterhalten wird, können Sie daraus nicht automatisch das Anrecht auf dieselbe oder eine gleichwertige Position erhalten. Das muss aber eben nicht zwangsläufig heißen, dass Sie immer nur zurückgestuft werden. Wie gesagt, meine Gespräche mit einer

27 Quelle: Die Zeit. Chancen 47/2001.

Vielzahl von Sabbaticalern haben gezeigt: Der Wiedereinstieg war vielfach ein Aufstieg.

Eine weitere Auslegung von Karrriereknick ist, dass man durch rasante Entwicklungen in der Branche den Anschluss verliert. Das wird besonders im High-Tech- und Telekommunikationsbereich befürchtet. Doch wie groß ist diese Gefahr wirklich? Wirtschaftsunternehmen scheinen sie wesentlich stärker zu sehen als beispielsweise Professoren und Wissenschaftler, denen ein Sabbatical in Form eines Freisemesters gerade dabei helfen soll, sich geistig zu regenerieren, um dadurch neuen Gewinn für die Forschung zu bringen. Dabei könnten die Unternehmen hier leicht Abhilfe schaffen. Aber augenscheinlich kümmern sie sich ohnehin nur wenig systematisch um die Reintegration von zurückgekehrten Mitarbeitern. Denn nur rund 2 Prozent der Unternehmen begleiten ihre Mitarbeiter beim Wiedereinstieg.[28] Was andernorts nur einen Einzelfall darstellt, gehört bei Procter & Gamble zur Geschäftsphilosophie. „Bei uns findet nach Rückkehr aus einem Sabbatical oder der Elternzeit ein längeres Personalgespräch statt, in dem auch festgestellt wird, ob und welche zusätzliche Starthilfe in Form von Training der Mitarbeiter braucht", berichtet die Personalleiterin Dr. Sonja Fleischer-Atorf.

Natürlich: Wenn Sie ein Jahr lang weg sind und Ihre Beförderung von den Jahren der Unternehmenszugehörigkeit beziehungsweise Berufserfahrung und Ihrer Leistung im letzten Jahr abhängig ist, dann werden Sie als Angestellter vermutlich warten müssen, bevor Sie auf der Karriereleiter weiter nach oben klettern. Die Consulting-Branche verwendet beispielsweise solche Beförderungssysteme. Die Managerin Claudia (30), deren Aufstieg in die Geschäftsleitung unmittelbar bevorstand, hatte sich trotzdem für ein Jahr Auszeit entschieden: „Viele Kollegen haben das nicht verstehen können. Aber für mich war es in Ordnung, ein Jahr länger zu warten. Denn wenn ich erst einmal in der Geschäftsleitung bin, ist es ja noch schwerer, zu gehen. Das Einzige, was mich wirklich ärgert, ist, dass ich im nächsten Jahr eine schlechtere Beurteilung bekommen werde. Wer nicht präsent ist und kein Projekt vorzuweisen hat, fällt unten durch." Selbst in einer solchen Situation brauchen Sie also keinen Karriereknick zu fürchten, sondern sozusagen nur einen „Aufschub" der nächsten Stufe.

---

28 Career Company 2001.

Fragen Sie sich, ob das Argument Karriereknick für ihren Job tatsächlich Berechtigung hat. Wenn ja: Welche Möglichkeiten gibt es für Sie, während der Auszeit nicht den Anschluss an die Entwicklungen der Branche zu verpassen, Ihr Fachwissen up to date zu halten und mit den Schlüsselpersonen Ihres Unternehmens in Kontakt zu bleiben? Und als Kompromiss bleibt immer noch der Rat: Falls Sie ein reines Frei-Zeit-Sabbatical als schädlich für Ihre Karriere einschätzen, sollten Sie Ihre Auszeit (auch) zur beruflichen Weiterbildung nutzen.

The Boston Consulting Group: Leben jenseits der Karriere

Seit Anfang der 90er Jahre bietet die internationale Strategieberatung The Boston Consulting Group (BCG) ihren Beratern zwei grundsätzliche Formen einer begrenzten „Auszeit" vom Arbeitsalltag: Innerhalb eines „Sabbatical Program" ermöglicht BCG seinen Beratern, für die Erlangung eines wissenschaftlichen Abschlusses noch einmal eine Auszeit zu nehmen. Neben diesen gleichsam konventionellen Fortbildungsmaßnahmen hat BCG in den letzten Jahren aber auch verschiedene Formen eines sogenannten „Leave of Absence" geschaffen, der zwischen einem und sechs Monaten dauern kann. Diese unbezahlte Freistellung zusätzlich zum normalen Urlaub dient nicht der Weiterbildung, sondern zielt ganz auf die Erfüllung lang gehegter persönlicher Wünsche und Träume: der Überquerung des Himalaya ebenso wie der Konzentration auf die eigene Familie, dem Wunsch, am New-York-Marathon teilzunehmen, ebenso wie dem Bedürfnis nicht zuletzt vieler Väter, einmal eine „Babypause" einzulegen.

Die Einführung dieser Programme kommt aber nicht nur den Bedürfnissen vieler Mitarbeiter entgegen. Auch die Unternehmenskultur von BCG lebt von den eingeführten Programmen: „Der Horizont unserer Mitarbeiter wird breiter, und ihre Persönlichkeit wächst. Das kommt letztlich auch unseren Kunden zugute", bemerkt Martin Koehler, Senior Vice President im Münchner Office von BCG und ehemaliger Recruiting Director. Auch für ein erfolgreiches Recruiting spielt die Möglichkeit befristeter Auszeiten zunehmend eine bedeutende Rolle. So beobachtet Christian Veith, Vice President im Düsseldorfer Office von BCG und verantwortlich für den Personalbereich in Deutschland und Österreich, dass „vor allem junge Mitarbeiter sich noch ausprobieren wollen. Die Generation der heute Dreißigjährigen will sich in Privatleben und Beruf gleichzeitig verwirklichen. Der Gedanke, überhaupt keine Zeit mehr für die Verwirklichung persönlicher Wünsche zu haben, würde ihrem Lebensgefühl nicht entsprechen und von einer Tätigkeit bei BCG gerade abhalten." Programme wie der „Leave of Absence" sind für Veith daher ein wichtiger strategischer Vorteil im Kampf um die leistungsfähigsten Talente.

In der Tat stoßen sowohl „Sabbatical" wie auch „Leave of Absence" bei den Mitarbeitern von BCG auf hohe Resonanz. Auf rund 75 Prozent beziffert Human Resources den Anteil der Berater, die in irgendeiner Weise die angebotenen Programme schon einmal in Anspruch genommen haben. Über die Hälfte davon nutzt die Zeit für eine Fortbildung wie Promotion oder MBA. Aber immerhin ein Drittel aller Abwesenden nutzt die Auszeit für die Erfüllung rein „privater" und lang gehegter Lebenswünsche. Die Rückkehrquote ist dabei außerordentlich hoch. Die Mitarbeiter, die nach einer „Auszeit" nicht wieder in das Unternehmen zurückkehren, lassen sich laut Veith „an zwei Händen abzählen". Dies zeigt, dass eine weitgehende Gewährung organisierter „Auszeiten" die Identifikation der Mitarbeiter mit ihrem Unternehmen erhöht und keinesfalls schwächt. Befristete Auszeiten stellen für die Mitarbeiter von BCG eine unverzichtbare Form der Gestaltung von „Lebensarbeitszeit" dar. „Unsere Mitarbeiter arbeiten nicht, um mit 60 in den verdienten Ruhestand zu gehen, wie dies vielleicht für die Nachkriegsgeneration der Fall war", kommentiert Koehler den weitgehenden Gesinnungswandel vor allem junger Berater. „Sie haben vielmehr den Anspruch, private und berufliche Verwirklichung gleichzeitig miteinander zu vereinbaren. Das hat BCG erkannt, und dem tragen wir Rechnung."

The Boston Consulting Group.

4 Imageverlust

Die Angst vor Imageverlust ist das schwierigste Vorbehalt-Thema, weil unser „Ruf" oder das Bild, das die anderen von uns haben, schwer zu fassen ist. Zudem ist es oftmals ein anderes Bild, als wir vermuten – im negativen wie auch im positiven Sinn. Versuchen wir, uns von außen zu betrachten, können wir zwar etwas objektiver sein, sehen uns aber letztendlich immer mit unseren eigenen Augen und interpretieren das Gesehene durch unseren persönlichen Filter. Dabei spielen unsere Annahmen und Glaubenssätze eine wichtige Rolle. Auch unsere Mitmenschen sehen uns jeder für sich durch ihre individuelle Brille der Realität, und daraus entstehen unterschiedliche Bilder von uns.

Unser Eigenbild weicht demzufolge mehr oder minder stark von unseren Fremdbildern ab (Mehrzahl – Sie haben nicht nur ein „Image") und ist nie deckungsgleich. Diesen Gedankengang im Hinterkopf zu behalten kann bei Ihrer Auseinandersetzung mit dem Thema Image sehr hilfreich sein.

Wer sind eigentlich diejenigen, vor denen wir einen Imageverlust befürchten? Unsere Chefs und die Kollegen? Möchten wir nicht als Faulenzer und Arbeitsverweigerer gesehen werden, die sich einen schönen Lenz machen und den Kollegen die Mehrarbeit überlassen? Aufschlussreich ist, sich darüber Gedanken zu machen, welche Charakteristika es wären, die man Ihnen zuschriebe, würden Sie ins Sabbatical gehen wollen. Stellen Sie einmal eine Liste Ihrer Befürchtungen auf, wie andere über Sie denken könnten. Danach tragen Sie in eine zweite Spalte ein, welche positiven Argumente aus der Sicht des Chefs oder Ihres Teams es für Ihre Auszeit geben kann. Formulieren Sie dabei möglichst die negativen Aspekte aus der ersten Spalte um; wenn rechts steht: „Drückt seine Arbeit den Kollegen auf", könnte in der linken Spalte stehen: „Kann Konzepte ausarbeiten, wie Mehrarbeit aufgefangen wird". Oder: „Gibt einem jüngeren Kollegen die Chance, sich zu profilieren." Auch hier sehen Sie: Es kommt immer auf die Perspektive an, aus der man die Dinge betrachtet.

Seinen eigenen Weg zu gehen und sich aus der Masse hervorzuheben erfordert Mut, Durchsetzungsvermögen und Feingefühl und erregt immer Aufmerksamkeit und Kommentare. Aber so macht man auch Karriere – oder?

Das könnten andere über mich denken, wenn ich in die Auszeit gehe		Diese positiven Argumente für die Auszeit gibt es aus Sicht a) meines Chefs b) meiner Kollegen
	---> positive Perspektive	
	---> positive Perspektive	
	---> positive Perspektive	
	---> positive Perspektive	
	---> positive Perspektive	

Die Erfahrungen von Peter, Alexandras Lebensgefährten, teilen viele andere Sabbaticaler: „Zuerst waren Chef und Kollegen zurückhaltend und äußerten sich eher kritisch. Mein Chef meinte sogar: ‚Wenn man das in der Marketingbranche macht, mag das ja noch schick sein. Aber bei uns im Controlling ist das nicht möglich.' Nach einigen Tagen hatte sich die Aufregung wieder gelegt, und es kamen mehr neugierige Fragen. Auch mein Chef äußerte sich dann positiv zu unserem Vorhaben." Gerald und Gerlinde von Procter & Gamble kommentieren: „Zuerst war bei einigen Kollegen schon Unverständnis und Kopfschütteln da, aber das hat sich schnell wieder gelegt. Nach unserer Rückkehr waren wir die ‚Heroes' und wurden von allen Seiten auf die Auszeit angesprochen."

Sie sehen: zuerst hopp und dann top. So schnell kann sich das, was man über Sie denkt und sagt, ändern.

Manchmal sind es auch die Familie, der Partner, Freunde und Bekannte, vor denen wir unser Gesicht wahren wollen, oder vielleicht eher: vor deren Reaktionen wir uns fürchten. Auch hier gilt es, genau zu schauen, welches Bild wir aufrechterhalten wollen und was wir vermuten, welches Bild sich die anderen von uns machen.

Haben wir uns erst einmal darauf eingelassen, Angst um den Ruf zu haben, gibt es viele Gruppen, vor denen wir den Imageverlust fürchten müssen. In letzter Konsequenz ist es aber nur eine Person, vor der Sie sich bestätigen müssen: Sie selbst. Fragen Sie sich, ob die Auszeit nicht in Ihr Selbstbild passt. Ist man gewohnt, nach Leistung beurteilt zu werden und sich selbst nur zu schätzen, wenn man ordentlich geschuftet hat, wird man sich kaum ein halbes Jahr Müßiggang gestatten. Dann würde man sich gewissermaßen selbst den Stempel „Faulenzer" aufdrücken. Vielleicht kann ein erster Schritt in Richtung Auszeit sein, dass Sie das Bild von sich und Ihren Leistungen zurechtrücken.

Bei meinen Gesprächen mit Unternehmen hörte ich des Öfteren: „Sabbaticals werden nicht angenommen, wir haben hier in Deutschland dahingehend keine Tradition. Die Elternzeit wird auch erst stärker von Männern angenommen, seit es die Pflichtmonate gibt." Gerade beim Sabbatical aber verhält es sich so, dass durchschnittlich mehr Männer als Frauen in die Auszeit gehen. Wenn die „Neutralität" und der Trend des Wortes Sabbatical im Gegensatz zu „Elternzeit" mehr Männer bewegt, aus familiären Gründen in die Auszeit zu gehen, kann dies nur noch ein zusätzliches Argument für die Auszeit sein.

Das Wichtigste in Kürze:

- Zwei Drittel der Erwerbstätigen in Europa würden nach einigen Arbeitsjahren gerne eine längere Pause einlegen. Aber nur für 7 Prozent der Befragten kommt dieser Traum tatsächlich in Frage.

- Viele Arbeitnehmer befürchten Nachteile, wenn Sie ein Sabbatical in Anspruch nehmen. Sie haben Angst vor Jobverlust, Karriereknick oder Imageverlust. Die Bitte um eine bezahlte Auszeit fällt unter das Teilzeitgesetz. Darin gibt es ein ausdrückliches gesetzliches Verbot, dass Beschäftigte, die ihren Anspruch auf Reduzierung der Arbeitszeit wahrnehmen, benachteiligt werden. Erfolgt aus diesem Grund eine Kündigung, wäre sie demnach unwirksam.

- Haben Sie einen Sabbaticalvertrag mit Rückkehrgarantie, ist Ihr Risiko, den Arbeitsplatz zu verlieren, nicht höher als bei Ihren Kollegen.

- Um neben dem Gefühl der Angst vor dem Jobverlust auch die Ratio sprechen zu lassen, empfiehlt es sich, sein individuelles Risiko herauszufinden. Das lässt sich gut bewerkstelligen, wenn Sie Ihr Problem als Projekt behandeln und in der dritten Person aufschreiben, was die Für und Wider sind.

- Spielen Sie in jedem Fall das Worst-Case-Szenario, den schlimmsten aller anzunehmenden Fälle, durch.

- Wird Ihr Arbeitsvertrag aufrechterhalten, ergibt sich daraus nicht automatisch das Anrecht auf dieselbe oder eine gleichwertige Position im Unternehmen.

- Die Angst vor dem Karriereknick scheint sich in der Praxis nicht zu bestätigen. Erfahrungen haben gezeigt, dass der Wiedereinstieg vielfach ein Aufstieg war.

- Prüfen Sie Ihr Eigenbild und die Vorstellung von Ihren Fremdbildern. Welches „Image" lässt Sie um Ihren Ruf fürchten? Ist es Ihr Bild von sich selbst, das Sie verändern müssten, wenn Sie in die Auszeit gehen? Oder sind es die Zuschreibungen von anderen?

- Finden Sie für sich heraus, vor welchen Reaktionen genau Sie sich fürchten.

- Anfängliches Unverständnis oder spitzen Bemerkungen verwandeln sich erstaunlich oft in Interesse an der Auszeit.

- Seinen eigenen Weg zu gehen erfordert Mut, Durchsetzungsvermögen und Feingefühl. Aber so macht man auch Karriere.

X

Sabbatical – ja oder nein?

Ein Mann, der das Bogenschießen lernte, stellte sich einmal mit zwei Pfeilen vor der Zielscheibe auf. Darauf wies ihn sein Lehrer zurecht: „Anfänger dürfen nie über zwei Pfeile auf einmal verfügen; sie verlassen sich sonst auf den zweiten und gehen sorglos mit dem ersten um. Sie sollten lieber davon überzeugt sein, dass die ganze Entscheidung von dem einen Pfeil abhängt, den sie gerade aufgelegt haben."

YOSHIDA KENKO, JAPANISCHER BOGENSCHÜTZE

1 Testfragen

Nach so vielen Vorüberlegungen, Erklärungen und Ratschlägen kommt nun endlich die Gretchenfrage: Kommt das Sabbatical für Sie in Frage oder nicht? Die Entscheidung zu treffen, den Chef auf eine Auszeit anzusprechen, ist sicherlich nicht einfach. Haben Sie es einmal getan, gibt es in den meisten Fällen kein Zurück mehr.

Für die Mehrzahl der Sabbatical-Nehmer war der Entscheidungsprozess eine schwierige Phase, die sich meist über einige Wochen und Monate hinzog. Kernpunkt der Überlegungen war jedes Mal, ob man die Auszeit vor sich selbst rechtfertigen konnte. Erst wenn die eigenen Vorbehalte ausgeräumt und die wahren Beweggründe für das Sabbatical gefunden sind, sind Sie hinreichend gewappnet für die Reaktionen der anderen. Sie können sich innerlich viel gelassener auf die anstehenden Gespräche vorbereiten. Zwar werden Sie womöglich noch immer Angst vor manchen Gesprächen und Reaktionen haben, doch sind Sie sich dann sicher, dass eine Auszeit der richtige Weg für Sie ist.

Im Folgenden finden Sie einen Fragekatalog, der Sie bei der Entscheidungsfindung unterstützen kann. Der erste Teil des Tests besteht aus Ja/Nein-Abfragen. Die Antworten zeigen Ihnen eine Tendenz auf, wie Ihre Situation einzuschätzen ist. Der zweite Teil besteht aus offenen Fragen, für deren Beantwortung Sie sich Zeit und Muße nehmen sollten. Die Leitfragen dienen der gedanklichen Beschäftigung mit der Entscheidung, bei der es sowohl um die harten Faktoren wie Finanzierung als auch um die Auseinandersetzung mit den weichen Faktoren wie Ängsten und Vorbehalten geht.

Mein Tipp zum Ausfüllen des Tests: Machen Sie zuerst den Ja/Nein-Test. Damit werfen Sie ein kurzes Blitzlicht auf Ihre Situation. Reservieren Sie sich danach für die offenen Fragen eine ruhige Stunde und beantworten Sie sie schriftlich. Legen Sie dann die Fragen für einige Tage oder Wochen weg. Überprüfen Sie nach einiger Zeit, ob Sie die Fragen noch genauso beantworten würden oder ob sich inzwischen durch die Auseinandersetzung mit dem Thema etwas geändert hat. Vielleicht haben sich auch Antworten beim Test Nummer eins geändert.

Eine weitere Anregung: Benutzen Sie diesen Ratgeber als Arbeitsbuch. Markieren Sie die Stellen, die für Sie wichtig sind, schreiben Sie Ihre Kommentare hinein. Das hilft enorm, die Gedanken zu strukturieren, und vereinfacht das Lesen, wenn Sie den Ratgeber zu einem späteren Zeitpunkt nochmals konsultieren möchten.

Falls Sie Hilfe und Rat in einem persönlichen Gespräch suchen, wenden Sie sich für eine Beratung an mich oder einen anderen Coach.

Nr.	Fragen	Ja	Nein
1	Hat Ihr Arbeitgeber eine Sabbatical-Regelung oder gibt es eine tarifvertragliche Regelung, die auf Sie zutrifft?		
2	Waren in Ihrem Unternehmen vor Ihnen schon andere Mitarbeiter im Sabbatical?		
3	Müssen Sie, um Ihren Sabbatical-Wunsch zu verwirklichen, Ihren Arbeitsplatz kündigen?		
4	Haben Sie ein Arbeitszeitkonto oder gibt es bei Ihnen die Möglichkeit, unbezahlten Urlaub zu nehmen?		
5	Haben Ihre Aktivitäten im Sabbatical einen Nutzen für Ihren Arbeitgeber?		
6	Sind Sie davon überzeugt, dass eine Auszeit sowohl für Sie sinnvoll ist, als auch dem Unternehmen nicht schadet?		
7	Sehen Sie die realistische Möglichkeit, dass Ihr Aufgabenbereich für eine begrenzte Zeit von anderen übernommen werden kann?		
8	Ist ein Karriereknick wahrscheinlich, wenn Sie aussteigen?		
9	Arbeiten Sie meist projektbezogen oder steht bei Ihnen ein Wechsel in einen anderen Bereich bevor (Job-Rotation, Beförderung, anderer Aufgabenbereich etc.)?		
10	Wird in Ihrem Unternehmen auf eine ausgewogene Work-Life-Balance geachtet?		
11	Glauben Sie, dass Ihr Chef den Grund Ihres Wunsches nach einer Auszeit nachvollziehen und verstehen kann?		
12	Unterstützt Ihr familiäres Umfeld den Ausstieg (Partner, Familie, Freunde)?		

Die Auswertung des Fragebogens ist einfach: Geben Sie sich jeweils einen Punkt für ein „Ja" auf die Fragen 1, 2, 4 bis 7 und 9 bis 12 sowie einen Punkt, wenn Sie bei den Fragen 3 und 8 mit „Nein" geantwortet haben. Bei allen anderen Antworten bekommen Sie keinen Punkt. Ihnen wird klar: Je höher die Punktzahl ist, desto wahrscheinlicher ist es, dass man Sie problemlos gehen lässt. Falls Sie nur wenige Punkte haben sammeln können, bedeutet das nicht, dass Ihnen ein Sabbatical verwehrt bleibt. Es wird aller Wahrscheinlichkeit nur schwieriger, die Auszeit genehmigt zu bekommen. Im Extremfall bliebe dann nur die Kündigung, um den Traum vom Sabbatical zu realisieren.

Offene Fragen	**Ihre Antworten**
Aus welchem Grund/welchen Gründen möchten Sie ins Sabbatical gehen?	
Was möchten Sie in der Auszeit machen?	
Welchen Nutzen hat Ihre Auszeit für Ihren Arbeitgeber?	
Wer könnte, während Sie abwesend sind, Ihre Aufgaben übernehmen? Wie würde dies konkret aussehen?	
Wie könnten Sie ein Sabbatical finanzieren (Arbeitszeitkonto, Urlaubs- und Überstunden, unbezahlter Urlaub)?	
Auf welche Höhe belaufen sich Ihre monatlichen finanziellen Verpflichtungen?	
Welche laufenden Kosten können Sie minimieren?	
Wie lange können Sie es sich finanziell leisten, ins Sabbatical zu gehen?	
Wie lange möchten Sie mindestens/würden Sie höchstens in die Auszeit gehen?	
Wann ist für Sie der ideale Zeitpunkt für eine Auszeit?	
Wann kann Sie Ihr Arbeitgeber am ehesten entbehren?	
Falls Sie in einer Beziehung sind oder Familie haben: Möchten Sie alleine oder mit Partner bzw. Familie gehen?	
Respektiert und trägt Ihr Partner/Ihre Familie die Entscheidung?	
Wie würde ein Ausstieg Ihr Selbstbild verändern?	
Wie würde ein Ausstieg das Bild der anderen von Ihnen verändern?	

XI

Wie spreche ich meinen Arbeitgeber auf ein Sabbatical an?

Wenn Du ein Schiff bauen willst, trommle nicht Männer zusammen, um Holz zu beschaffen, Werkzeuge vorzubereiten, Aufgaben zu vergeben und die Arbeit einzuteilen, sondern lehre die Männer die Sehnsucht nach dem weiten, endlosen Meer.

ANTOINE DE SAINT-EXUPÉRY, FRANZÖSISCHER SCHRIFTSTELLER

1 Gespräch mit dem Chef

Die Gespräche mit dem Vorgesetzten sind oftmals eine heikle Angelegenheit, aber ausschlaggebend für die Bewilligung der Auszeit. Sein „Ja" ist die Voraussetzung dafür, dass sich die ganze Administrationsmaschinerie in Bewegung setzen kann.

Wichtig ist, nicht gleich mit der Tür ins Haus zu fallen und sich dadurch von vornherein alles zu verbauen. Niemand wird gerne vor vollendete Tatsachen gestellt. Hat man dagegen das Gefühl, bei der Entscheidungsfindung beteiligt gewesen zu sein, ist man viel eher bereit, die Entscheidung mitzutragen oder sie zumindest zu respektieren. Zudem sind einmal gezeigte Reaktionen und Meinungen wie einbetoniert. Deswegen die Empfehlung: Bevor Sie jemanden von einem „Nein" zu einem „Ja" bewegen müssen, wählen Sie lieber den leichteren Weg und strecken zunächst einmal Ihre Fühler aus, um die „Temperatur zu messen".

Der 1. Schritt

Das Thema Sabbatical wird bedauerlicherweise von den meisten immer noch in die Kategorie „Freizeitangelegenheit" eingeordnet. Überlegen Sie sich im ersten Schritt, wie Ihr Gesprächspartner zum Thema Privatleben und Arbeit steht. Nimmt er regelmäßig Urlaub oder häuft er Überstunden um Überstunden an? Wie viel Zeit räumt er seinen Privatinteressen ein? Geht er abends pünktlich nach Hause, um für die Familie da zu sein? Oder sagt er private Termine aus beruflichen Gründen immer wieder ab? Ermuntert er seine Mitarbeiter und Kollegen, auf eine Balance zwischen Berufs- und Privatleben zu achten? Die Klärung dieser Fragen verrät Ihnen viel über die Einstellung Ihres Chefs hinsichtlich der Gewichtung von individuellen und beruflichen Interessen.

Der 2. Schritt

Im nächsten Schritt überlegen Sie sich, wie Sie am ehesten an Informationen kommen können, die Ihnen Aufschluss darüber geben, wie Ihr Gesprächspartner zum Thema Sabbatical steht. Hat er sich schon einmal dazu geäußert? Sind für ihn mehr als zwei Wochen Urlaub offene Rebellion? Vielleicht können Sie in der Kantine, der Raucherpause oder bei einer Tasse Kaffee das Thema aufgrund seiner Aktualität ansprechen: „Ich habe da kürzlich einen Artikel gelesen ..." – und schon ist man in medias res. Aber stellen Sie selbst sich eher distanziert dar, fragen Sie und lassen Sie die anderen antworten und reden. Dadurch erhalten Sie ein wunderbares Stimmungsbarometer. Im günstigsten Fall erfahren Sie wichtige Anhaltspunkte, die Sie später für Ihre eigene Argumentation nutzen können.

Der 3. Schritt

Jetzt sollten Sie sich Gedanken darüber machen, welchen Vorteil Ihr Chef persönlich und das Unternehmen von Ihrem Vorhaben haben könnten. Kann die Firma in einer auftragsschwachen Zeit vielleicht Kosten sparen, ohne eine bewährte Mitarbeiterin oder einen zuverlässigen Mitarbeiter zu verlieren? Kann die Arbeit umverteilt werden und das Unternehmen dadurch Kosten sparen? Erhält ein anderer Kollege für eine begrenzte Zeit die Chance, verantwortungsvollere Aufgaben zu übernehmen oder sich zu beweisen? Können ein Vater oder eine Mutter, die aus der Elternzeit kommen, erst einmal Ihren Job erledigen? Oder kann für diese Zeit vielleicht ein befristeter Arbeitsvertrag vergeben werden? Und nicht zu unterschätzen: Kann Ihr Chef von der Auszeit auch persönlich profitieren, etwa dadurch, dass sich durch die Gewährung einer Auszeit sein Image verbessert und er die Rolle des innovativen Vorreiters übernimmt? Versuchen Sie also, sich gedanklich „auf die andere Seite" zu stellen, und überlegen Sie, welche Lösung sowohl für Sie als auch für Ihren Chef und Ihr Team ein Gewinn sein könnte.

Nachdem Sie diese drei Schritte vollzogen haben, haben Sie nur noch zwei Dinge zu erledigen: sich über den Gesprächseinstieg Gedanken zu machen und den richtigen Zeitpunkt zu wählen.

Der Gesprächseinstieg

Welcher „Aufhänger“ bietet sich für den Gesprächsbeginn an? Es gibt viele Möglichkeiten. Ich hatte mich damals für die Variante „körperliche Herausforderung“ entschieden. Ich eröffnete das Gespräch, indem ich über meinen Wunsch redete, zu Fuß quer durch Spanien zu laufen. Das weckte Neugier und Begeisterung bei meinen Gesprächspartnern. Diese positiven Gefühle waren eine gute Basis, um für Unterstützung bei meinem Vorhaben zu werben.

Der Aufhänger kann aber auch ein ganz anderer sein: Andrea wählte ihre Sehnsucht nach der Weltreise. Vielleicht beginnen Sie mit der Schilderung einer Weiterbildung, die Sie für Ihren jetzigen Job sehr gut gebrauchen könnten. Oder mit dem geplanten Hausbau. Wichtig ist, dass sich die anderen durch ihre Begeisterung anstecken lassen.

Der richtige Zeitpunkt

Nun ist es nur noch erforderlich, den richtigen Zeitpunkt für ein solches Gespräch abzupassen. Wer unter Druck steht oder schlecht gelaunt ist, dem fällt es schwer, mit klarem Kopf zu antworten und nicht aus seiner eigenen Emotionalität heraus zu reagieren. Auch wenn Sie gerade ein Projekt abgeschlossen haben, das nicht den Erwartungen Ihres Chefs entsprochen hat, wird er Mühe haben, großzügig und entgegenkommend zu sein. Bei einer Tasse Kaffee, einer gemeinsamen Geschäftsreise oder an einem Freitagmittag, wenn das Wochenende kurz bevorsteht, sind die Chancen, ein offenes Ohr zu finden, wesentlich größer.

Verhandlungsspielraum

Wenn das Thema dann konkret geworden ist, sollte auch von Ihrer Seite her Verhandlungsspielraum vorhanden sein. Sprechen Sie von vornherein über einen längeren Zeitrahmen, als Sie eigentlich benötigen. Dies verschafft Ihnen Spielraum, da Ihr Chef in aller Regel prompt versuchen wird, Ihr Sabbatical zu verkürzen; in diesem Fall können Sie leichten Herzens Kompromissbereitschaft signalisieren.

Falls Ihr Chef „aus betrieblichen Gründen“ nicht zustimmen mag, können Sie die Option „Abrufarbeit“ in Erwägung ziehen. Unter diesem Stichwort versteht man ein bestimmtes Zeitbudget, das vom Arbeitgeber bei Bedarf abgerufen werden kann. Das Unternehmen ist dabei an eine Mindestankündigungsfrist von minimal vier Tagen gebunden.[29] Dies hört sich im ersten Moment recht willkürlich an: Während Sie gerade ein Sonnenbad in Kalifornien nehmen, ruft Ihr Chef an und verlangt, dass Sie in fünf Tagen im Büro erscheinen. Falls Sie im Ausland sind, lässt sich dies natürlich kaum bewerkstelligen; sollten Sie allerdings mit dem Hausbau, der Weiterbildung oder der Krankenpflege beschäftigt sein, kann es durchaus sinnvoll sein, eine Vereinbarung dieser Art zu treffen. Sie können festlegen, dass Sie zu definierten Projektabschnitten, bei wichtigen Meetings oder beim Eintritt bestimmter Geschehnisse wieder begrenzt zur Verfügung stehen. Von zu Hause aus oder im Büro, wie auch immer. Oder auch von Ihrem Urlaubsort aus, indem Sie beispielsweise an Telefon- und Videokonferenzen teilnehmen. Diese Regelung stellte für Oliver den Optimalfall dar. Der Geschäftsführer arbeitete einige Stunden in der Woche von Mallorca aus, um seine wichtigsten Kunden auch in dieser Zeit weiter zu betreuen. Laptop und Handy ermöglichten den Informationsfluss, und wenn es erforderlich war, flog er für einen Tag zum Meeting nach Deutschland. „Für mich war es zudem eine gute Übung, denn ich wollte in einer anderen Art und Weise arbeiten als bisher. Und so musste ich auch im Sabbatical Familie und Arbeit unter einen Hut bringen", sagt der 41-Jährige heute.

Wie auch immer: Treffen Sie bei Abrufarbeit auf jeden Fall genaue Abmachungen, damit beide Seiten im Klaren darüber sind, was sie erwarten und leisten können.

2 Gespräch mit der Personalabteilung

Auf die Personalabteilung werden Sie im Allgemeinen dann zugehen, wenn Sie sich nicht sicher sind, ob in Ihrer Firma ein Sabbatical möglich ist, oder wenn Sie sich über die personalseitige Handhabung der Auszeit informieren möchten. Die Gefahr allerdings ist, dass Ihr Wunsch nach einer Auszeit im Haus weitergetragen wird. Nichts wäre fataler, als wenn Ihr Chef von Ihrem Vorhaben über die Personalabteilung informiert würde, bevor Sie selbst mit ihm gesprochen haben. Andererseits müssen Sie über Informationen verfügen, wie sich Ihr Arbeitgeber zu einem Sabbatical stellt und wie sich die vertragliche Regelung einer Auszeit gestalten könn-

---

29 Vgl. rechtliche Rahmenbedingungen „Teilzeit – alles, was Recht ist", Seite 18ff.

te. Günstigstenfalls haben Sie die Möglichkeit, Auskünfte und Tipps von einem Kollegen zu bekommen, der bereits ein Sabbatical in Anspruch genommen hat.

Ich selbst hatte damals bewusst die Personalabteilung zu einem relativ frühen Zeitpunkt angesprochen, um mich über mir bekannte Präzedenzfälle zu erkundigen. Peter und Alexandra zogen es vor, erst nach der Unterredung mit ihren Chefs die Personalabteilung zu kontaktieren, um die administrative Seite zu regeln.

In jedem Fall sollten Sie im Vorhinein überlegen, wann Sie mit der Personalabteilung sprechen – vor oder nach Ihrem ersten Gespräch mit dem Chef. Ist der Sabbatical-Gedanke erst einmal geäußert, ist gewissermaßen die Katze aus dem Sack – und es ist schwierig, sie wieder einzufangen.

3 Gespräch mit dem Betriebsrat

Falls es in Ihrem Unternehmen einen Betriebs- oder Personalrat gibt und dieser für Sie zuständig ist, können Sie sich auch überlegen, mit diesem im Vorfeld zu sprechen. Der Betriebsrat ist die Vertretung der Arbeitnehmer und setzt sich für Ihre Interessen ein. Sie können um ein vertrauliches Gespräch bitten, in dem Sie abklären, wie das Unternehmen mit dem Thema Sabbatical umgeht und ob es schon vor Ihnen Anfragen zur Auszeit gegeben hat. Vielleicht kann sogar der Betriebsrat selbst bei der Personalabteilung anfragen, ohne Ihren Namen zu nennen. Diese vertrauensvolle Zusammenarbeit ist allerdings nur ratsam, wenn ein gutes Verhältnis zwischen Geschäftsleitung und Betriebsrat besteht. In anderen Fällen können Sie Gefahr laufen, instrumentalisiert zu werden, um bestimmte Interessen durchzusetzen. Versuchen Sie deshalb, bei Ihren Gesprächen auf neutralem Boden zu bleiben. Auf jeden Fall wird sich der Betriebsrat früher oder später mit Ihrem Sabbatical-Antrag beschäftigen, da die vorübergehende Verkürzung oder Verlängerung der Arbeitszeit (Überstunden oder Teilzeitarbeit) mitbestimmungspflichtig ist.

4 Checkliste: Vorbereitung und Tipps für die Gespräche im Unternehmen

Um sich gezielt auf die notwendigen Gespräche im Unternehmen hinsichtlich eines Sabbatical-Projektes vorzubereiten, soll Ihnen die nachstehende Checkliste einen Überblick an Tipps und Einzelschritten an die Hand geben.[30]

- Nicht mit der Tür ins Haus fallen.
- Vorinformationen sammeln:
  - Gibt es im Unternehmen Vereinbarungen zum Sabbatical? Wie sehen die Teilzeitvereinbarungen aus? (Personalabteilung, Betriebs- oder Personalrat)
  - Hat schon einmal jemand aus dem Unternehmen eine Auszeit genommen?
  - Im Internet nach Sabbatical-Nehmern zum Erfahrungsaustausch suchen.
- Aufhänger suchen.
- Einen günstigen Zeitpunkt wählen.
- Lösungsmöglichkeiten und Vorteile für das Unternehmen und den Gesprächspartner aufzeigen.
  - Vorschlagsalternativen für den Chef sammeln.
  - Betriebliche Bedürfnisse und Konstellation mit einbeziehen.
  - Plan B erarbeiten: Wer übernimmt die Arbeit, während Sie abwesend sind?
  - Für den Chef einen persönlichen Ausstiegs- und Wiedereingliederungsplan erarbeiten.

---

30 Argumentationshilfe für Sabbaticals finden Sie auch in der Broschüre des Bundesministeriums für Arbeit und Sozialordnung: „Teilzeit – Neue Perspektiven. Menschen – Motive – Modelle“.

Zwei Beispiele, wie unterschiedlich die Gespräche mit den Vorgesetzten laufen können

Die Bürokauffrau Andrea schildert ihr Gespräch: „Noch niemand aus meiner Firma hatte ein Sabbatical gemacht, ich war also die Erste, die danach fragen würde. Das hieß für mich, dass ich das Gespräch mit meinem Chef sehr gut planen musste. Ich bereitete das Gespräch wochenlang vor, überlegte, wie ich das Thema ansprechen würde, sammelte Argumente und durchdachte, was ich bei welchen Reaktionen meines Chefs tun würde. Ich hatte mir einen richtigen Schlachtplan zurechtgelegt. Als Zeitpunkt wählte ich das anstehende jährliche Mitarbeitergespräch. Am Ende des Gesprächs fragte mich mein Chef, ob ich noch etwas auf dem Herzen hätte. ‚Ja', erwiderte ich, ‚ich würde mir gerne den Traum einer längeren Weltreise erfüllen und sechs Monate frei haben.' Er schaute mich an, und ich dachte: ‚Mist, jetzt hast du alles anders gesagt, als du es geplant hast.' Als dann auch noch von ihm kam: ‚Aber nur unter einer Bedingung', rutschte mir das Herz vollständig in die Hose, und ich unterschrieb innerlich schon meine Kündigung. ‚Sie müssen danach wiederkommen', endete er. Unglaublich! Als ich bejahend nickte, strahlte er und fragte: ‚Wo wollen Sie denn hin? So was wollte ich auch schon immer mal machen.' Letztendlich habe ich zwar die meisten Dinge, die ich für das Gespräch vorbereitet habe, nicht direkt gebraucht, aber es hat mir eine ganze Menge Sicherheit gegeben, mich auf verschiedene Situationen vorzubereiten und zu wissen, welche Argumente ich vorbringen kann. Obwohl im Unternehmen noch niemand zuvor im Sabbatical war und auch noch andere Führungskräfte meiner Auszeit zustimmen mussten, haben mein Chef und ich es geschafft, dass das Sabbatical genehmigt wurde. Jetzt denkt man im Unternehmen sogar über eine generelle Regelung nach."

Die Gespräche von Alexandra und Peter, die sich recht spontan für eine Auszeit entschieden hatten, sahen etwas anders aus. Die beiden Reisebegeisterten bereiteten in den Wochen nach ihrem Entschluss ihre Kündigungsschreiben vor und vereinbarten einen Termin mit dem jeweiligen Vorgesetzten. Alexandra berichtet: „Ich sagte ihm direkt, dass ich kündigen würde, weil ich mit meinem Freund eine einjährige Weltreise machen wolle. Mein Chef reagierte darauf sehr gekränkt. Das habe er nun wirklich nicht von mir erwartet, und wieso ich ihn nicht in die Entscheidung mit einbezogen hätte. Nach einiger Zeit beruhigte er sich wieder, und schließlich hat er mich bei meinem Vorhaben unterstützt. Im

Nachhinein denke ich, dass es geschickter gewesen wäre, früher und in einer anderen Art und Weise mit ihm zu reden." Auch die Reaktion von Peters Chef war zuerst eher negativ. Er war überrascht und hatte wenig Verständnis für den Wunsch seines Mitarbeiters. Aber auch er beruhigte sich nach einigen Wochen wieder.

XII

Sabbaticals aus der Sicht der Unternehmen

Angst frisst Unternehmensgewinne.

SPRICHWORT[31]

1 Theorie und Praxis

Wie reagieren Unternehmen auf das Thema Sabbatical? Überspitzt formuliert: manche gar nicht, vor allem die kleinen und mittelständischen Betriebe. Andere wiederum haben es als willkommenes Steuerungselement ihrer Personalpolitik entdeckt. In krisengeschüttelten Zeiten lassen sich so die Personalkosten reduzieren, ohne Personal deswegen gleich abbauen zu müssen. So hat die Firma Siemens vor einigen Jahren das Programm TimeOut aufgelegt, das den 14.500 Mitarbeitern ihrer in die Krise geratenen Mobilfunksparte ICM eine Arbeitspause von zwei bis drei Monaten anbot. Je nach Dauer der Auszeit wurden 20 bis 50 Prozent des Gehalts weiter gezahlt.

In einer Pilotphase war die Resonanz mäßig, trotz Arbeitsplatzgarantie und Anspruch auf eine gleichwertige Aufgabe sogar innerhalb der Abteilung. Ein fast symptomatisches Bild. Theoretisch wird eine Arbeitspause befürwortet, in der Praxis scheitert sie an der Akzeptanz. Auf beiden Seiten. So hält Helmut Coers, Verdi-Gewerkschafter und Siemens-Aufsichtsrat, das Angebot für halbherzig: „Wer mitmacht, stellt fest, dass seine Karriere schon beendet ist. Bei den Führungskräften des Unternehmens gibt es kein Verständnis für den Freistellungsgedanken.“[32] Das Beispiel ist zwar schon etwas her, scheint sich aber zurzeit zu wiederholen. In der Wirtschaftskrise von 2009 müssen immer mehr Unternehmen zu Kurzarbeit und Freistellung greifen. Allerdings sind dies aktuell keine Angebote für Freiwillige mehr, sondern Maßnahmen, um auf dem Markt bestehen zu bleiben.

Im Zuge meiner umfangreichen Recherchen bei mehr als 50 Unternehmen ist dieses Dilemma deutlich zu Tage getreten: Das Modell des Sabbaticals ist für die wenigsten Arbeitgeber (und auch Arbeitnehmer) eine Selbstver-

---

31 Quelle: Fuchs, Jürgen: Das Märchenbuch für Manager.

32 Interview mit der Financial Times Deutschland (FTD) vom 31. August 2001.

Pilotprojekt „TimeOut" bei Siemens ICM (Mobilfunksparte)

Statistik TimeOut-Teilnehmer:

- Insgesamt 135 Verträge mit Mitarbeitern der deutschen Standorte wurden geschlossen.
- 41 % Männer und 59 % Frauen nahmen teil.
- 76 % der Mitarbeiter wählten 3 Monate als TimeOut-Phase, 15 % 6 Monate, 1 % 9 Monate und 8 % 12 Monate.
- Altersstruktur:

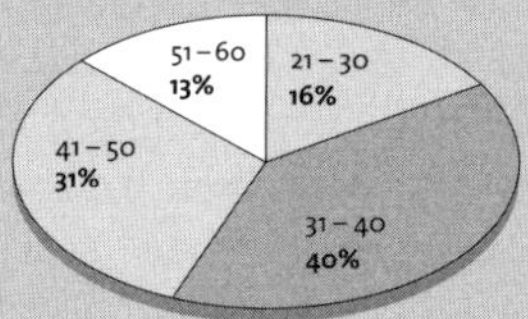

Umfrage unter 135 Mitarbeitern (Rücklaufquote 60 %):

Wie hat Ihr Umfeld reagiert?

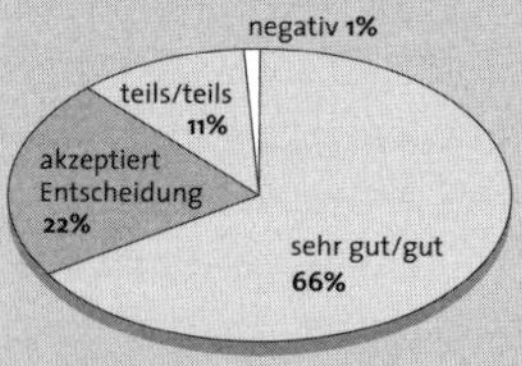

Möchten Sie über Firmenvorgänge informiert werden?

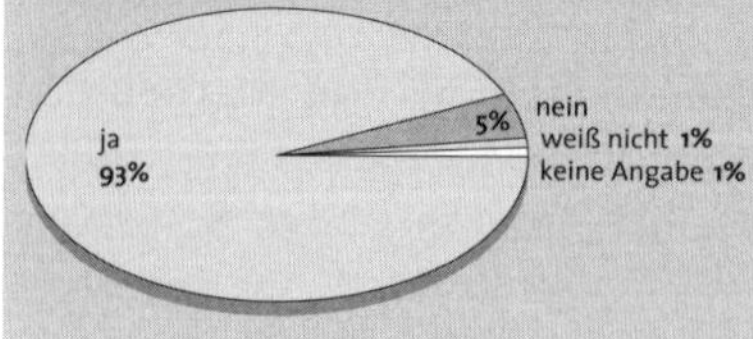

Hat TimeOut eine positive Auswirkung auf Ihre Motivation?

Quelle: Siemens AG

ständlichkeit. Allgemein wird davon ausgegangen, dass nur etwa 5 Prozent der Unternehmen ihren Arbeitnehmern grundsätzlich ein Sabbatical anbieten.[33] Diese Zahl hat sich in den letzten Jahren kaum geändert. Was sich verändert hat, ist die öffentliche Aufmerksamkeit für das Thema. Vor einigen Jahren gab es eine Umfrage des SOKO-Instituts: Insgesamt 50 Experten aus den Bereichen Wirtschaft, Medien und Politik wurden befragt, welche Teilzeitmodelle sie kennen. Nur 5 Prozent erwähnten dabei das Sabbatical.[34] Diese Zahl müsste mittlerweile wahrscheinlich deutlich nach oben geschraubt werden. Allerdings ist anzunehmen, dass es vielen immer noch gedanklich schwerfällt, die Verknüpfung zwischen Teilzeitarbeit und Sabbatical zu leisten. Was ein Sabbatical ist, dürfte den meisten Befragten dafür bekannt sein. Dies ist sicherlich in erster Linie der ausführlichen Berichterstattung der Medien in den letzten Jahren zu verdanken.

Was die Haltung der Unternehmen anbelangt, lassen sich – vereinfacht gesagt – drei Gruppen unterscheiden:

Erstens jene Unternehmen, die eine eindeutige Sabbatical-Regelung haben, die entweder über eine Betriebs- oder eine Tarifvereinbarung festgehalten wird oder individuell geregelt ist. Diese Regelungen werden offen und teilweise sogar aktiv kommuniziert. Hier entstand der Eindruck, dass die Unternehmen sich sehr bemühen, den Arbeitszeitwünschen der Mitarbeiter nachzukommen und die Genehmigungen zumeist auch recht unbürokratisch zu erteilen. Zu diesen Firmen zählten viele der Großunternehmen, die beim Thema Sabbatical immer wieder in der Presse zitiert werden (wie etwa Hewlett-Packard, VW, BMW, Procter & Gamble, Lufthansa und BCG).

Zweitens die Unternehmen, die keine generelle Regelung haben und „von Fall zu Fall" über die Auszeiten entscheiden. Hier war oftmals keine konkrete Auskunft zu bekommen. Es entstand für mich der Eindruck, dass Sabbaticals in diesen Betrieben nicht wirklich gewünscht und im Grunde genommen nur sehr beschränkt möglich seien. Zu dieser Gruppe zählt ein Großteil der befragten Firmen.

---

33 Die Angaben zu Unternehmen, die Sabbaticals gewähren, schwanken je nach Quelle zwischen 3 und 10 Prozent.

34 Quelle: DAK-Informationen Praxis und Recht 2/2001.

Und drittens solche Unternehmen, die ihren Mitarbeitern die Möglichkeit des Sabbaticals kategorisch verwehren. Diese Ablehnung wurde unterschiedlich begründet mit:

- Problemen organisatorischer Art;
- Aussagen wie: „In unserem Geschäft ist so etwas nicht möglich“;
- der Befürchtung, dass eine Vielzahl von Sabbatical-Anträgen eingehen könnte;
- vermeintlichen Schwierigkeiten, die sich bei der Wiedereingliederung ergeben könnten;
- dem Hinweis, dass keine Nachfrage bestehe.

Die meisten dieser Unternehmen baten im Gespräch darum, nicht genannt zu werden. Interessant, nicht? Gibt es etwa hier Befürchtungen, dass das Image leiden oder eine Nennung der Attraktivität des Unternehmens schaden könne?

Einige Unternehmen wie die Deutsche BP gaben im Gespräch an, dass sie an einer Sabbatical-Regelung arbeiten oder darüber nachdenken.

Und schließlich gab es noch eine kleine Gruppe von Unternehmen, von denen trotz mehrmaliger Nachfrage keine Auskunft zu erhalten war, ob und wie das Sabbatical im Betrieb geregelt ist.

2 Globale und lokale Handhabung von Sabbaticals

Der Widerspruch von Theorie und Praxis ist nicht zuletzt bei den internationalen Konzernen spürbar. Wer global denkt, muss lokal längst nicht in diesem Sinne handeln. So verfügt beispielsweise ein internationaler Finanzdienstleister mit Sitz in Frankfurt am Main über ein Sabbatical-Programm in den USA, das für ein soziales Engagement oder für Lehrtätigkeiten in Anspruch genommen werden kann. In Deutschland bietet das Unternehmen seinen Arbeitnehmern eine vergleichbare Option nicht an. Als Begründung gab die Personalabteilung an, dass vieles, was in Deutschland gesetzlich oder tarifvertraglich geregelt sei, in den USA über ein Sabbatical abgewickelt werden müsse, wie etwa Elternzeit oder der Krankheitsfall von Angehörigen.

Für private Projekte wie Hausbau, Reisen oder Weiterbildung gebe es weder in den USA noch in Deutschland grünes Licht.

Ein weiteres Beispiel für eine zurückhaltende Handhabung der unternehmensweiten Sabbatical-Regelung ist ein internationales Beratungsunternehmen mit Deutschlandzentrale im Rhein-Main-Gebiet. Was in anderen Ländern Standard ist, wird von der deutschen Geschäftsleitung sehr kritisch beurteilt. Nur in einigen Ausnahmen wird das Sabbatical gewährt, nämlich dann, wenn alle Argumente der Arbeitgeberseite versagen und der „Leistungsträger" nicht von seinem Plan abzubringen ist und ansonsten das Unternehmen verließe.

Einige Sabbatical-Vereinbarungen von weltweit tätigen Unternehmen scheinen demzufolge eher aufgrund der Tradition in anderen Ländern getroffen worden zu sein. In Amerika, Australien und Großbritannien ist die Auszeit vom Job gebräuchlicher als in den meisten Ländern des europäischen Festlandes. Nur in einigen wenigen europäischen Ländern wie Frankreich oder den Niederlanden ist der Anspruch auf ein Sabbatical fest im Gesetz verankert.

Um diesen interkulturellen Differenzen Rechnung zu tragen, benutzen die internationalen Konzerne oft allgemeine, sehr global gehaltene Standardverträge – und überlassen die Auslegung im Einzelfall den lokalen Büros. Und die entscheiden möglicherweise nicht weniger restriktiv als das örtliche Steuerbüro.

3 Unternehmensgröße und -branche

Die Frage liegt nahe, ob jene Unternehmen, die ein Sabbatical anbieten, ähnliche Merkmale in Bezug auf Größe, Branche und Aktionsradius aufweisen. Einschlägige Untersuchungen zeigen, dass Sabbaticals vorrangig von internationalen Konzernen, sogenannten „Global Players", gewährt werden – zum Beispiel Hewlett-Packard, Siemens und VW.

Untersucht man eingehender, ob es bestimmte Branchen sind, die bereitwilliger Sabbaticals anbieten als andere, lassen sich zumindest Tendenzen ausmachen. Nach einer Umfrage unter 250 Personalverantwortlichen[35]

---

35 Career Company 2001.

ergab sich ein bemerkenswertes Bild: 25 Prozent aller befragten Unternehmen bejahten Sabbatical-Programme. Die Unternehmen waren im Zuge von Rekrutierungsveranstaltungen befragt worden, auf denen sie selbst als potentielle Arbeitgeber auftraten. Vom Veranstalter wurden sie als Global Player, Marktführer in ihrem Sektor oder als reputierte Spezialisten eingestuft. Zudem waren alle Befragten in Branchen angesiedelt, in denen akuter Bedarf an Spitzenkräften besteht: Telekommunikation, IT und Engineering.

Diese Angaben führen zu dem Schluss, dass nicht allein die Firmengröße ein wichtiger Faktor sein kann; befindet sich das Unternehmen unter den Marktführern in der jeweiligen Branche, vergrößert sich die Chance, dass es ein Sabbatical-Angebot gibt. Zwei der Gründe für dieses Angebot sind augenscheinlich: Einerseits will man für die Mitarbeiter attraktiver sein und den Kampf um die „High Potentials" – die Mitarbeiter mit großem Entwicklungspotential – gewinnen (und dazu scheint nun mal auch das Angebot einer „Auszeit mit Rückfahrschein" zu gehören). In der Unternehmensattraktivität möchte man andererseits nicht hinter der Konkurrenz zurückstehen; was der Mitbewerber anbietet, sollte man auch im Angebot haben. Man äußert es nur nicht laut, oder nur, wenn die Konkurrenz ebenfalls damit argumentiert. Diese Zurückhaltung könnte auch erklären, warum nur 20 Prozent der Unternehmen ihr Sabbatical-Programm auch als Argument für die Personalrekrutierung einsetzen.

1. Angebot des Sabbaticals

„Besteht in Ihrem Unternehmen grundsätzlich ein Sabbatical-Angebot?"

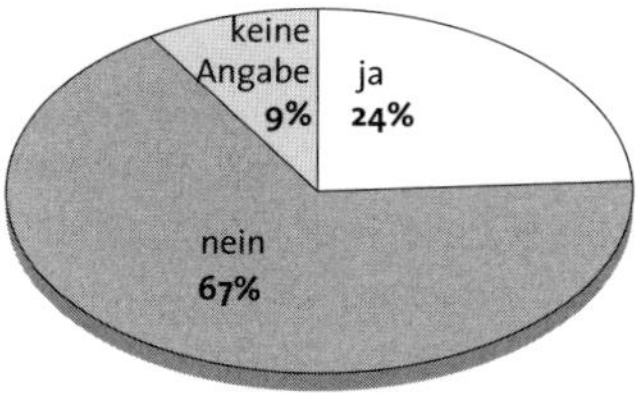

2. Angebotene Sabbatical-Zeiträume

„Bis zu welcher Dauer kann eine Auszeit vom Job in Anspruch genommen werden?"

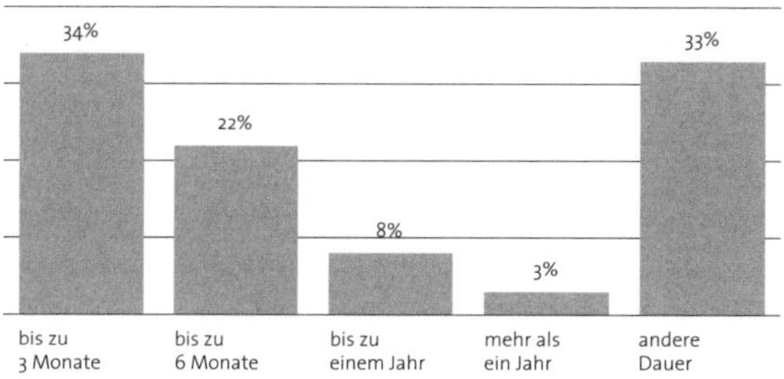

3. Vergütung während des Sabbaticals

„Wie hoch wäre die Vergütung während eines Sabbaticals?"

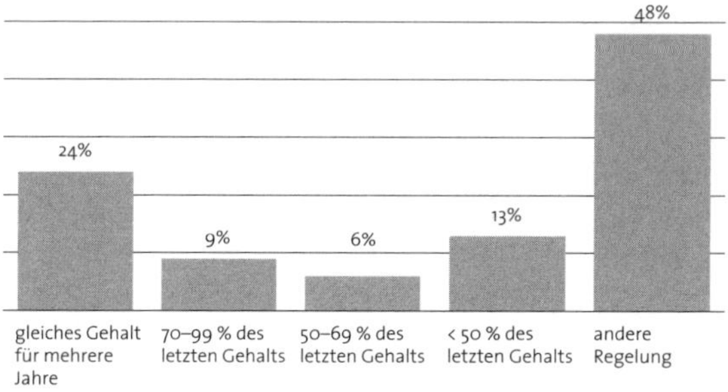

Umfrage der Career Company unter 250 Personalverantwortlichen

4. Findet eine Vorbereitung statt?

„Wird ein Sabbatical systematisch vorbereitet?"

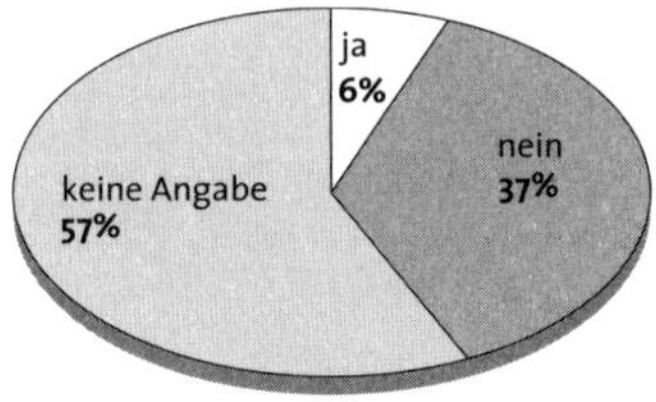

5. Gibt es ein Wiedereingliederungsprogramm?

„Werden die Mitarbeiter nach dem Sabbatical bei der Reintegration begleitet?"

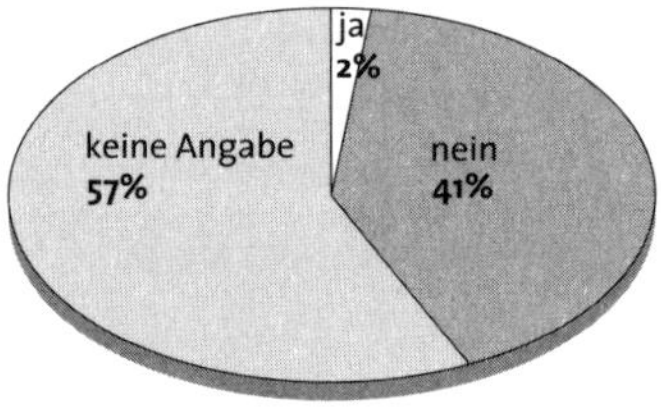

6. Der Mitarbeiter hat nach dem Sabbatical Anspruch auf:

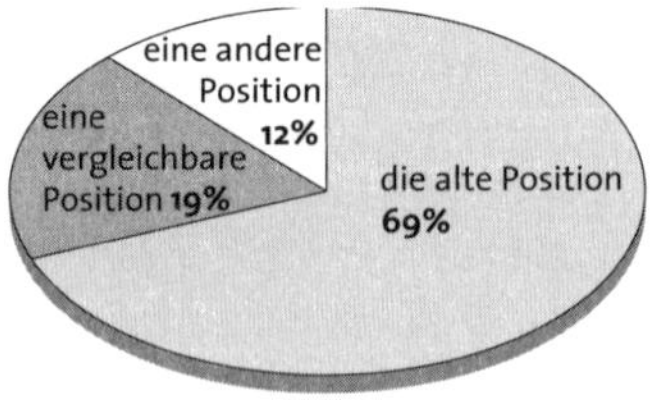

Umfrage der Career Company unter 250 Personalverantwortlichen

7. Ist das Sabbatical-Angebot auf bestimmte Hierarchieebenen beschränkt?

„Auf welchen Hierarchieebenen wird das Sabbatical-Modell angeboten?"

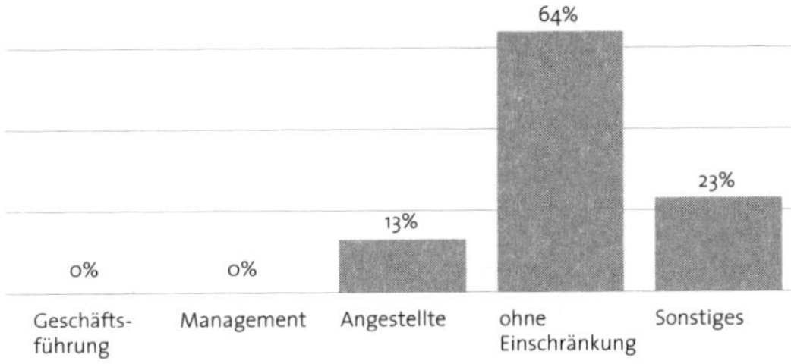

8. Sabbatical – und was ist danach?

„Mitarbeiter sind meiner Einschätzung zufolge nach dem Sabbatical ..."

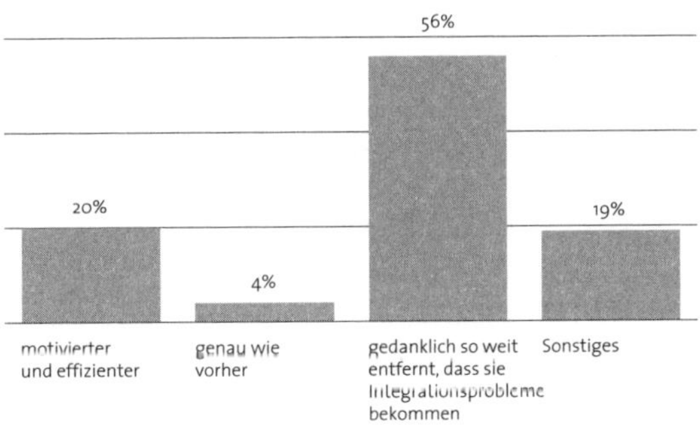

9. Sabbatical als Lockinstrument

„Wird das Sabbatical-Angebot bei der Rekrutierung argumentativ eingesetzt?"

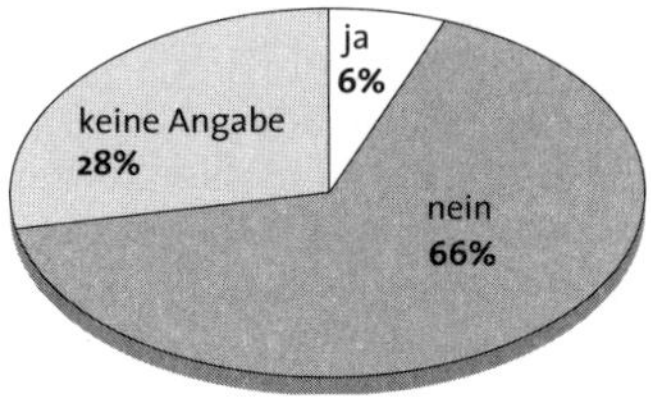

Umfrage der Career Company unter 250 Personalverantwortlichen

4 Zurückhaltung bei den Unternehmen

Wenn Mitarbeiter ein Sabbatical-Angebot positiv beurteilen und Unternehmen davon ausgehen, dass sie dadurch attraktiver werden und einen Imagegewinn am Markt erzielen – warum ist das Sabbatical dann so wenig verbreitet? Worin bestehen die mehr oder minder unausgesprochenen Widerstände?

Wie schon angedeutet, kristallisierte sich bei meinen Umfragen heraus, dass viele Unternehmen der Auffassung sind, dass ein Sabbatical nicht notwendig sei angesichts großzügiger Regelungen der Arbeitszeit, der Ausweitung der Elternzeit und der Altersteilzeit.[36] Zudem bestehe in Unternehmen keine große Nachfrage nach Sabbaticals. Die Frage nach dem Ursprung von Henne und Ei liegt auf der Hand: Wird die Auszeit nicht angeboten, weil sie nicht nachgefragt wird? Oder wird sie nicht nachgefragt, weil sie nicht angeboten wird? Steckt hier vielleicht die Angst des Arbeitgebers vor zu viel Freizeitorientierung dahinter?

Für die praktische Umsetzung einer Auszeit-Regelung ist gewissermaßen eine Art Langzeitkonto Voraussetzung. Nach einer Befragung der Arbeitszeitberatung Dr. Hoff, Weidinger, Herrmann haben über 50 Prozent der Betriebe keine Langzeitkonten und planen auch nicht, sie in den nächsten drei Jahren einzuführen.[37] Das Nichtvorhandensein von Langzeitkonten und der zusätzliche administrative Aufwand scheinen da bequeme Entschuldigungen zu sein. Die Prognose von Dr. Hoff lässt hoffen: „Mit der Ausbreitung von Langzeitkonten und des zunehmenden lebenslangen Lernens wird das Sabbatical immer üblicher und ein zentrales Element künftigen ‚Zeit-Wohlstands' werden – auch und gerade, weil der Ruhestandseintritt immer später erfolgen wird."

Ein anderer Einwand, auf den ich wiederholt im Technologiesektor gestoßen bin, war die Sorge, dass der Mitarbeiter den Anschluss an die Ent-

---

36 Wer an kritischer Hintergrundinformation zu diesem Thema interessiert ist, dem sei der Artikel von Frank Bauer empfohlen, der sich mit der Haltung und Akzeptanz von Männern und Frauen zur Teilzeitarbeit auseinandersetzt. Bauer, Frank: Kann das neue Teilzeit- und Befristungsgesetz die Geschlechterdiskriminierung aufbrechen? Aus: WSI Mitteilungen 8/2001. S. 508–513.

37 Hoff, Andreas und Priemuth, Tobias: Das Langzeitkonto heute und morgen – Ergebnisse einer Betriebsumfrage. Quelle: www.arbeitszeitberatung.de

wicklung der Branche verpassen könnte und andererseits nicht ohne weiteres Ersatzpersonal zu beschaffen wäre. Wenn dann die meisten Unternehmen auch kein Wiedereingliederungsprogramm vorsehen oder über eine individuelle Unterstützung bei der Rückkehr nachdenken, scheint auch von Unternehmensseite nicht aktiv darauf hingearbeitet zu werden, dass der Mitarbeiter wieder auf den neuesten Stand des Wissens kommt.

Der Vorbehalt, dass die Mitarbeiter nach einem Sabbatical häufig so weit von der (Arbeits-)Realität entfernt sind, dass es schwerfällt, sie wieder in den normalen Arbeitsablauf einzugliedern, ist immerhin von 50 Prozent der befragten Personaler geäußert worden.[38] Die Befragung macht keine Angaben darüber, für welche Länge der Auszeit diese Aussage gilt. Angesichts dieser Befürchtung haben sich einige Unternehmen auf einen Kompromiss verständigt: Sie bewilligen ihren Mitarbeitern eine begrenzte Auszeit von maximal sechs Monaten.

Der Eindruck entsteht, dass in vielen Unternehmen das quantitative Merkmal der Anwesenheit als Messlatte für Leistung gesehen wird. Wer lange bleibt und regelmäßig Überstunden macht, ist engagiert und handelt im Sinne des Unternehmens. Der Arbeitgeber kann sich auf die volle Einsatzbereitschaft des Mitarbeiters verlassen. Wenn dieser Mitarbeiter dann einige Monate ausfiele, bräche der normale Ablauf zusammen. So oder ähnlich erscheint die Denkweise in vielen Unternehmen. Mitarbeiter werden bewusst oder unbewusst an Standards gemessen, die heute selbst am Fließband kaum noch gelten. Die Quantität wird vielfach von Maschinen übernommen, für die Qualität sind die Menschen verantwortlich. Die objektive Messung der Qualität einer Arbeit ist weitaus schwieriger und komplexer als das Zählen der Stunden. Sollte das etwa der Grund sein, warum viele Unternehmen sich mit Quantität zufrieden geben?

Untersuchungen darüber, um wie viel effektiver ein zufriedener Mitarbeiter arbeitet, dessen Batterien voll aufgetankt sind, gibt es nicht. Auch der Frage, wie Krankheits- und Fehlzeiten sich nach dem Sabbatical verändern, wurde bisher kaum Beachtung geschenkt. Ein interessantes Phänomen taucht jedoch immer wieder auf: Fragt man bei Unternehmen, die keine Auszeit anbieten, nach, ob sie denn gerne auch Sabbatical-Nehmer einstellen würden, kommt sofort ein klares „Ja". Sollte das den Schluss zulassen, dass Sabbaticals im eigenen Unternehmen zwar nicht gerne gesehen, aber

---

38 Career Company 2001.

Sabbatical-Nehmer immer wieder gerne eingestellt werden? Das Sabbatical als Imagegewinn für den Arbeitnehmer? Oder sogar als Zeichen von Führungsqualität? Zumindest aber als Zeichen von Selbstbewusstsein, wie der Arbeitszeitberater Dr. Hoff meint.

Unternehmen, die andere Einstellungen nicht als Bereicherung begreifen und den Faktor Veränderung nicht als notwendige Größe zum Wachstum sehen, aktivieren die Potentiale ihrer Mitarbeiter nicht vollständig. Die BMW Group, die ihren Mitarbeitern seit vielen Jahren Auszeiten anbietet, hat das Sabbatical für das Unternehmen als Chance definiert, und zwar in den Bereichen

- Change Management,
- Job Enrichement,
- Förderung der Personalentwicklung
- und als Beitrag zur Vereinbarkeit von betrieblichen Notwendigkeiten und persönlichen Interessen des Mitarbeiters.

Interessanterweise führt das Unternehmen als Voraussetzungen für Sabbaticals an erster Stelle eine Vertrauenskultur sowie Führungs- und Teamkompetenz an.

Schließlich ist bemerkenswert, dass sich die Haltung der Unternehmen in gewisser Weise mit der der Arbeitnehmer deckt. Ungeachtet aller bekundeten Begeisterung halten sie sich in der Praxis zurück. Es scheint, als sei man in den Köpfen – weder hier noch dort – längst nicht ernsthaft bereit, solche weitgehenden gesellschaftlichen Wandlungen anzuerkennen und anzunehmen. Vor diesem Hintergrund mag es denn auch kaum verwunderlich erscheinen, wenn letztendlich nur eine Minderheit tatsächlich Gebrauch von Sabbatical-Optionen macht.

5 Kollegen, Kollegen

Ein Kapitel für sich sind schließlich die Kollegen. Die Reaktionen auf meine geplante Pilgertour damals waren sehr unterschiedlich, ließen sich aber prinzipiell in zwei Kategorien unterteilen. Die einen – die deutlich in der Mehrzahl waren – fanden mein Vorhaben bemerkenswert und mutig, waren begeistert und wünschten mir viel Glück. Die anderen, für die die Arbeit der Dreh- und Angelpunkt ihres Lebens ist, haben meine Position nicht nachvollziehen können. Es gab durchaus Kommentare wie: „Die macht sowieso immer nur Urlaub“ und „Was arbeitet die eigentlich? Das wussten wir ohnehin nie genau.“ Diese Kollegen hätten es sich nach eigenen Angaben nie leisten können, einen längeren Urlaub zu nehmen, geschweige denn ein Sabbatical. Eine Kollegin setzte der Ironie noch die Krone auf: „1.000 Kilometer zu Fuß? Das mache ich an einem Tag mit dem Auto.“ Das war wirklich die Spitze der Ignoranz. Denn worum geht es? Nicht an einem Tag zu reisen, sondern so wie früher in sechs oder acht Wochen, um dann mit Körper, Geist und Seele am Ziel anzukommen.

So oder so ähnlich erlebten alle Sabbatical-Nehmer diesen Part der Vorbereitungs-Phase. Wer sich eine Auszeit aus dem Job nimmt, muss mit starken Reaktionen seiner Kollegen rechnen, und dies umso mehr, je weniger freie Arbeitszeiteinteilung und Sabbaticals zur Unternehmenskultur gehören.

Seien Sie darauf gefasst, die eine oder andere Überraschung zu erleben, sowohl positive als auch negative. Die Unterstützung und Anteilnahme, die Sie erfahren, entschädigen teilweise für Missgunst und Ablehnung auf der anderen Seite und geben Kraft, mit diesem Neid und möglicher Provokation umzugehen. Machen Sie sich klar, dass diese Formen des Widerstands in erster Linie nicht gegen Sie und Ihre Person gerichtet sind. Hätte sich ein anderer Kollege für das Sabbatical entschieden, wäre ihm Ähnliches widerfahren.

Missgunst und Provokationen sind oftmals Reaktionen auf Veränderungen, die man nicht zu akzeptieren bereit ist. Besonders deutlich wird das in Gruppen mit festen Rollen, in denen jeder ein Bild des anderen hat und seine eigene Position kennt. Bricht jemand aus und geht seinen eigenen Weg, müssen diese Bilder wieder neu geordnet werden. Eigene Ängste und fehlender Mut, das zu tun oder auch oftmals nur ernsthaft darüber nachzudenken, was richtig und wichtig für einen ist, entladen sich auf denjenigen, der ausschert.

Hier zeigt sich auch unmissverständlich, welche Unternehmenskultur von den Mitarbeitern tatsächlich gelebt wird und dass diese häufig sehr viel farbloser ausfällt, als vom Unternehmen nach außen propagiert. Aber auch diese Situation bietet eine Chance, nämlich die, dass Sie selbst sich neu positionieren können. Das Bild des zurückhaltenden und angepassten Kollegen ist nicht länger aufrechtzuerhalten, wenn dieser für cin Jahr aussteigt.

Das Wichtigste in Kürze:

- Das Modell des Sabbaticals ist für die wenigsten Arbeitgeber (und auch Arbeitnehmer) eine Selbstverständlichkeit.
- Allgemein wird davon ausgegangen, dass nur etwa 5 Prozent der Unternehmen eine Betriebs- oder eine Tarifvereinbarung zur Auszeit vom Job haben. Dies sind oftmals Großunternehmen und Konzerne.
- Ein Großteil der Unternehmen entscheidet „von Fall zu Fall" über die Gewährung einer Auszeit. Sabbaticals sind hier oft nur sehr eingeschränkt möglich.
- Einige Unternehmen lehnen Auszeiten auch komplett ab. Dies mit der Begründung, dass es keine Nachfrage gibt, der organisatorische Aufwand zu hoch sei oder die Mitarbeiter den Anschluss an die Branche verlieren.
- In den letzten Jahren hat sich die öffentliche Aufmerksamkeit auf das Thema stark verändert. Die Zahl der Unternehmen, die Auszeitmodelle anbieten, ist gestiegen, die Zahl der Sabbatical-Nehmer ebenfalls – letztere allerdings nur geringfügig.
- Wer sich eine Auszeit aus dem Job nimmt, muss mit starken Reaktionen seiner Kollegen rechnen, die von Bewunderung bis Neid reichen können. Dies umso mehr, je weniger freie Arbeitszeiteinteilung und Auszeiten zur Unternehmenskultur gehören.

XIII

Einzelbeispiele von Unternehmen

Wenn ein Unternehmen nicht in erster Linie für Menschen da ist, für Kunden und Beschäftigte – wozu ist es dann da?

Daniel Goeudevert, deutscher Topmanager

Wie handhaben nun die einzelnen Unternehmen das Thema Sabbatical tatsächlich? Wo ist die Auszeit möglich, wo bisher noch nicht? Die folgenden Kurzporträts sollen beispielhaft einen Überblick über die Praxis verschaffen. Die Liste, aus verschiedenen Quellen zusammengestellt, erhebt allerdings keinen Anspruch auf Vollständigkeit, sondern soll lediglich als grundsätzliche Übersicht verstanden werden.[39]

Sowohl für Weiterbildungen als auch für besondere familiäre Situationen bietet die *Aareon AG* allen Mitarbeitern die Möglichkeit, bezahlten und unbezahlten Urlaub zu nehmen. Die Zeiträume für die Auszeit sind nicht festgelegt, sondern abhängig vom Einzelfall. Wollen die Mitarbeiter aus anderen Gründen ins Sabbatical, wird dies individuell geprüft.

Vor einigen Jahren hatte die sinkende Auftragslage die Unternehmensberatung *Accenture GmbH* veranlasst, das Programm FlexLeave aufzulegen. Hier konnten sich die Berater innerhalb von zwei bis drei Wochen entscheiden, ob sie für 20 bis 30 Prozent ihres Gehaltes einige Monate zu Hause bleiben wollten. Sabbaticals konnten zu dieser Zeit nur von Beratern in Anspruch genommen werden und waren zeitlich auf drei bis sechs Monate begrenzt. Mittlerweile bietet das Unternehmen jedem Mitarbeiter, abhängig von Projektsituation und Karriereplanung, grundsätzlich die Möglichkeit zu einem 12-monatigen „Leave of Absence" für Fortbildung, Promotion oder auch zu persönlichen Zwecken an. Für Mitarbeiter, die gerne für längere Zeit in einem Entwicklungsland helfen möchten, organisiert die hausinterne Stiftung und die Agentur Voluntary Services Overseas einen entsprechenden Einsatz.

---

39 Quellen: Eigene Befragungen sowie Befragungsergebnisse von http://www.dradio.de, www.manager-magazin.de, Elke Pohl: Sabbatical, Heike Reuther: Berufliche Auszeit. Die Befragungen spiegeln den Stand von 2007, 2008 und 2009 wider.

Der Schokoladenhersteller *Alfred Ritter GmbH & Co. KG* bietet derzeit noch kein Sabbatical-Programm an, allerdings ist die Einführung von Langzeitkonten geplant.

Die *Alnatura Produktions- und Handels GmbH* bietet den Mitarbeitern auf Anfrage eine Auszeit von bis zu zwölf Monaten an. Die Zahl derer, die diese Möglichkeit in Anspruch nehmen, ist allerdings verschwindend gering.

Boston Consulting Group (siehe auch Unternehmensstandpunkt): Seit Anfang der 90er Jahre ermöglicht BCG innerhalb seines „Sabbatical Program" den Beratern mit einem wirtschaftswissenschaftlichen Studium die Promotion. Aber auch die sogenannten „Exoten", das heißt alle Berater ohne wirtschaftswissenschaftliches Studium, haben die Möglichkeit, sich durch den Abschluss eines MBA eine Zusatzqualifikation anzueignen. Der Zeitraum des Sabbaticals, der ausschließlich auf Weiterbildungsmaßnahmen abzielt, kann individuell bestimmt werden, sollte aber nicht länger als zwei Jahre dauern. Daneben hat BCG in den letzten Jahren auch verschiedene Formen eines sogenannten „Leave of Absence" geschaffen (zwischen einem und sechs Monaten), die ganz der Erfüllung lang gehegter persönlicher Wünsche und Träume vorbehalten sind. Durchschnittlich sind etwa 13 Prozent der Mitarbeiter im Sabbatical.

Die *BMW Group* hat eine der längsten Sabbatical-Traditionen. Seit 1994 kann eine Auszeit von bis zu sechs Monaten genommen werden, die auch noch mit dem Jahresurlaub ergänzt werden kann. Finanziert wird die Auszeit über die Kürzung der Jahressonderzahlungen wie Urlaubs- und Weihnachtsgeld sowie Erfolgsbeteiligungen. Bei dieser Variante ist kein Vorbeziehungsweise Nacharbeiten notwendig. Eine weitere Finanzierungsmöglichkeit ist die übliche Kürzung von einem Zwölftel des Jahreseinkommens pro Monat Sabbatical. Die Resonanz auf das Angebot ist groß, wobei die meisten Sabbatical-Nehmer aus der Produktion oder angrenzenden Bereichen stammen. Die Zahl der Führungskräfte-Auszeitler liegt im einstelligen Prozentbereich. BMW bietet seinen Mitarbeitern zusätzlich die Möglichkeit von „Mini-Sabbaticals" an. Sofern der jeweilige Vorgesetzte zustimmt, erhält jeder BMW-Angestellte bis zu 20 zusätzliche freie Tage im Jahr.

Die *Cemex Deutschland AG* bietet auf individuelle Anfrage ein Sabbatical für einen Zeitraum von bis zu zwölf Monaten an.

Die *Daimler AG* bietet ihren Mitarbeitern vielfältige Möglichkeiten der Auszeit an: Teilzeit, Familienzeit, Langzeitkonten, Pflegeurlaube, Pflegepausen, Freistellung für Qualifizierungsmaßnahmen, Telearbeit, Blockteilzeit sowie Sabbaticals. Für das Unternehmen steigern flexible Arbeits- und Betriebszeitmodelle die Anpassungs- und Reaktionsfähigkeit des Unternehmens auf unterschiedliche Auslastungsgrade und Auftragslagen. Jeder Mitarbeiter hat die Möglichkeit, bis zu fünf Jahren ins Sabbatical zu gehen, allerdings nur in Verbindung mit einer Qualifizierungsmaßnahme wie zum Beispiel einem Studium. Während dieser Zeit arbeiten die Mitarbeiter nebenher weiterhin im Unternehmen. Die meisten Sabbaticaler gehen allerdings maximal ein Jahr in die Auszeit. Neben Qualifizierungsmaßnahmen sind die häufigsten Gründe für eine Auszeit: Begleitung des Partners ins Ausland, Existenzgründungen und berufliche Neuorientierung. Für Daimler sind die Auszeitmodelle ein Beitrag zur Gesunderhaltung und Steigerung der Leistungsfähigkeit der Mitarbeiter und zur Unterstützung von Employability und Work-Life-Balance. Zudem tragen sie durch gezielte Personalentwicklungsmaßnahmen und Veränderungsprozesse zu einer High Performance Culture bei. Das Unternehmen erfasst nicht detailliert, wie viele Mitarbeiter in Deutschland das Angebot wahrnehmen.

Häufig stark schwankenden Arbeitsaufkommen begegnet die *Deutsche Lufthansa AG* mit einem differenzierten Arbeitszeitmanagement. 2007 arbeiteten im Lufthansa-Konzern über ein Viertel der Beschäftigten mit reduzierter Wochenstundenzahl. Dabei geht der Trend zum individuellen Arbeitszeitangebot, das aus einer vordefinierten „Modellpalette" gewählt werden kann und auf die Möglichkeiten und Erfordernisse der jeweiligen Bereiche zugeschnitten ist. Eine Variante der klassischen Teilzeit wird als „Teilzeit mit Blockfrei" bezeichnet: Ein Arbeitsblock in Vollzeit wird dabei mit einer längeren Abwesenheit kombiniert. Je nach Gestaltung ist so Freizeit über mehrere Monate bei gleichbleibender Vergütung möglich. Für die Führungskräfte der Lufthansa wurde außerdem ein Sabbatical-Modell entwickelt. Es erlaubt den befristeten Ausstieg von bis zu einem Jahr und gewährleistet über eine vorhergehende oder nachfolgende Finanzierung aus Gehaltsbestandteilen ein Einkommen und soziale Absicherung auch während der Auszeit. Zudem ist eine Rückkehr in die bisher wahrgenommene Position vorgesehen. Dieses Sabbatical-Modell ist Teil einer Initiative, die persönlichen Ressourcen der Führungskräfte zu stärken und gerade im Bereich hochanspruchsvoller Tätigkeiten die Vereinbarkeit beruflicher und privater Anforderungen zu erhöhen.

Die *Deutsche BP AG* bietet derzeit kein Sabbatical an, allerdings wird im Rahmen des Projektes „Altersmanagement" und aufgrund einiger Anfragen von Mitarbeitern das Thema diskutiert. Gestiegene Arbeitsbelastung und andere Initiativen im Unternehmen wie „Work-Life-Balance" würden ein Sabbatical-Programm gut in das Gesamtkonzept der BP passen lassen.

Die Unternehmen *Eon Ruhrgas* und *Evonik Industries* bieten die Möglichkeit, Auszeiten zu nehmen. Allerdings bewerben sie diese nicht aktiv unter ihren Beschäftigten. Sabbaticals sind deshalb so gut wie gar nicht nachgefragt worden, melden denn auch die Unternehmenssprecher.

Die *Festo AG* bietet verschiedene Varianten der Auszeit an, wie zum Beispiel Pflegezeit, Weiterbildung und Reisen. Das Angebot richtet sich an alle Mitarbeiter und muss individuell vereinbart werden. Die Auszeit kann maximal zwölf Monate dauern. Tarifmitarbeiter können Zeit auf einem Langzeitkonto ansparen. Die bisherigen Erfahrungen des Unternehmens mit der Auszeit sind sehr positiv: Die Mitarbeiter bringen neue Energie, mehr Kreativität und Begeisterung mit ins Unternehmen.

Bei der *Fink & Fuchs Public Relations AG* finden sich im Arbeitsvertrag die Regelungen zum Sabbatical: Mitarbeiter, die fünf Jahre dem Unternehmen angehören, dürfen für vier Wochen in die Auszeit. Nach zehn Jahren darf man sechs Wochen bezahlten Urlaub nehmen. Diese Regelung gilt auch für Teilzeitmitarbeiter.

Für die *Heinrich Deichmann-Schuhe GmbH & Co. KG* sind Sabbaticals zurzeit kein Thema, das aktiv vorangetrieben wird.

Für die *Henkel AG* haben Sabbaticals nicht nur Vorteile für die Mitarbeiter, sondern auch für das Unternehmen. Laut Anke Meier, Diversity Managerin bei Henkel, sind sie ein ausgezeichnetes Mittel, um Mitarbeiter nicht nur an das Unternehmen zu binden, sondern sich auch ihrer Loyalität zu versichern. Gerade bei Führungskräften spiele das eine nicht zu überschätzende Rolle.

Hewlett-Packard verfährt bei seinen Arbeitszeitmodellen nach der Devise „Jedem das Seine": Die Zahl der „richtigen" Lösungen entspricht der Zahl der Mitarbeiter. So können die Bausteine des Arbeitszeitmodells individuell ausgewählt und kombiniert werden. Auf Langzeitkonten können Mehrarbeit und Urlaub angespart werden, und für das Sabbatical ist die Ausarbeitung eines individuellen Zeitsparplans möglich. Einmal pro Jahr können die Mitarbeiter ihre vertragliche Wochenarbeitszeit neu festlegen. Für die Zeitentnahme vom Konto gibt es nur eine einzige Regel: die rechtzeitige Absprache mit Kollegen und Vorgesetzten. Grundprinzip dieses Systems ist für HP das Vertrauen der Unternehmensführung in die Mitarbeiter und deren hohe Eigenverantwortung.

Bei der *Institut Straumann AG* in der Schweiz kann auf Anfrage ein Sabbatical von einer Länge bis zu sechs Monaten genommen werden. Das Angebot richtet sich an alle Mitarbeiter. An den Sabbatical-Nehmern schätzt das Unternehmen die in der Auszeit gewonnenen Erfahrungen, den Blick über den Tellerrand sowie die bessere Work-Life-Balance.

Wer sieben Jahre bei der PR Agentur *Ketchum GmbH* ist, erhält zwei Wochen zusätzlichen bezahlten Urlaub. Die Regelung ist zwar in den Leitlinien des Unternehmens enthalten, muss aber weiterhin individuell abgestimmt werden.

Bei der *Kienbaum Consulting* sind die Konditionen für ein Sabbatical Verhandlungssache. Grundsätzlich werden Auszeiten von bis zu sechs Monaten für Promotionen oder andere Weiterbildungsmaßnahmen angeboten. Bei Weltreisen ist das Unternehmen eher zögerlich. Um die Vorbereitung und Wiedereingliederung muss sich der Mitarbeiter selbst kümmern.

Unbezahlten Urlaub bis zur Höchstdauer von einem Jahr können die Mitarbeiter der *Kraft Foods Deutschland GmbH* nach einer fünfjährigen Betriebszugehörigkeit beantragen. Der Sabbatical-Nehmer hat dabei seine Erreichbarkeit innerhalb von 14 Tagen sicherzustellen. Die Wiedereingliederung wird von Fach- und Personalabteilung gemeinsam geplant. Wer auf den Geschmack gekommen ist, kann alle fünf Jahre in die Auszeit gehen.

Bei der *Lufthansa AirPlus Servicekarten GmbH* gibt es zum Thema Auszeiten eine Betriebsvereinbarung, allerdings wird dieses Arbeitszeitmodell nur vereinzelt genutzt. Der Zeitraum ist individuell verhandelbar.

Bei *Procter & Gamble* (siehe auch Unternehmensstandpunkt S.60f.) sind im Rahmen der Flexible-Work-Arrangements nach fünf Jahren Betriebszugehörigkeit bis zu drei Monate unbezahlte Auszeit möglich. Die Auszeit kann mit Urlaub zudem noch „gestreckt“ werden. Durch regelmäßige Job-Rotation – den Wechsel von Arbeitsplätzen – wird das Sabbatical meist zwischen zwei Jobs genommen. „Wir haben das Sabbatical Ende der 90er Jahre für alle Mitarbeiter eingeführt und stellen fest, dass es immer populärer und verstärkt nachgefragt wird", sagt Frau Dr. Fleischer-Atorf. „Die Mitarbeiter kommen motivierter aus dem Sabbatical; die meisten haben wieder richtig Lust zu arbeiten und schätzen ihre Arbeit auch wieder mehr."

Bis zu einem halben Jahr können die Mitarbeiter der *Roland Berger Strategy Consultants Holding GmbH* in die Auszeit gehen. Voraussetzung ist, dass sie seit zwei Jahren im Unternehmen sind und einen unbefristeten Arbeitsvertrag haben. Während des Sabbaticals hält das Unternehmen regelmäßig Kontakt zu seinen Mitarbeitern, pflegt die persönliche Verbindung und informiert über aktuelle Entwicklungen im Unternehmen. „In unserem Unternehmen ist uns der Ausgleich zwischen Beruf und Privatleben sehr wichtig. Wenn sich jemand eine Auszeit gönnen möchte – um die langersehnte Weltreise zu machen, sich ganz intensiv der Familie zu widmen oder sich in einem bestimmten Gebiet weiterzubilden –, ist das völlig in Ordnung. In der Regel kehren die Mitarbeiter frisch und motiviert wieder zurück", sagt ein Unternehmensvertreter.

Der Stromkonzern *RWE AG* bietet seinen Mitarbeitern seit 2006 die Möglichkeit einer unbezahlten Auszeit von bis zu zwei Jahren, und das mit Rückkehrgarantie. Die Zeit kann in mehrere Abschnitte aufgeteilt werden. Auszeiten sind bei der RWE eingebunden in das Thema Audit Beruf und Familie, wobei das Sabbatical nicht an einen besonderen Zweck gebunden ist.

Knapp 15 Prozent der Mitarbeiter der *SAP Deutschland* beteiligen sich an einem Programm, bei dem Mehrarbeit auf Arbeitszeitkonten gesammelt werden kann. Wer 35 Jahre alt ist und dem Unternehmen mindestens fünf Jahre angehört hat, darf seine Zeit abrufen und frei machen. Wird die Zeit für Weiterbildungen benötigt, kann der Mitarbeiter auch schon früher sein Konto plündern.

Bei *Siemens* (siehe auch Unternehmensstandpunkt S. 72f.) kann ein Sabbatical zwischen Mitarbeiter und Führungskraft über eine Laufzeit von bis zu drei Jahren abgeschlossen werden. Es besteht aus einer beziehungsweise mehreren Arbeitsphasen und einer beziehungsweise mehreren Freizeitphasen. Je nach Vertragsdauer kann die Freizeitphase in Summe zwischen einem und sechs Monaten liegen. Lage und Dauer der Freizeitphase(n) bestimmen Führungskraft und Mitarbeiter in Abstimmung mit den anstehenden Aufgaben. Während der gesamten Vertragslaufzeit erhält der Mitarbeiter ein gleichbleibendes reduziertes Einkommen, das – je nach Länge

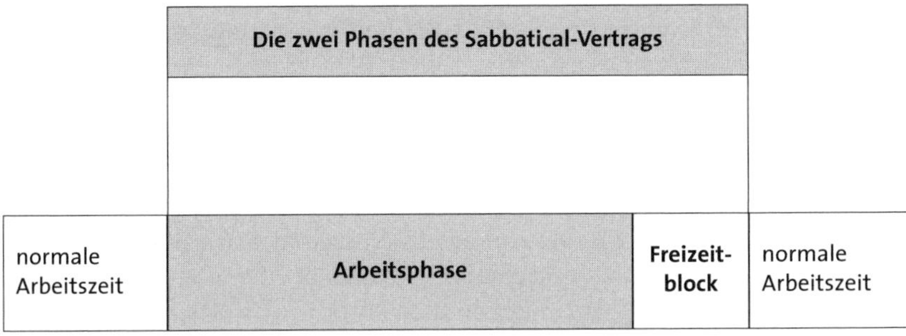

Das Siemens-Modell

des gesamten Freizeitblocks – zwischen 92 Prozent und 70 Prozent des Vollzeitbruttoentgelts liegt. Für die Dauer des Sabbaticals erhält der Mitarbeiter einen ergänzenden Sabbatical-Vertrag, danach gelten wieder die vorherigen Arbeitsbedingungen (siehe auch Mustervertrag). Den Freizeitblock kann der Mitarbeiter unter anderem für seine weitere Qualifizierung, den Hausbau, eine Fernreise, als Auszeit nach Beendigung eines Projektes beziehungsweise vor Beginn eines neuen Projektes etc. nutzen. Wofür der Mitarbeiter das Sabbatical letztlich nutzt, ist jedoch nicht von Bedeutung.

	Freizeitblock		
Laufzeit	Modell A	Modell B	Modell C
1 Jahr	1 Monat	–	2 Monate
2 Jahre	2 Monate	3 Monate	4 Monate
3 Jahre	3 Monate	–	6 Monate
Entgelt	91,7 %	87,5 %	83,3 %
	des Vollzeitbruttoentgelts		

Beispiele für mögliche Sabbatical-Varianten bei Siemens

Die *Sony Deutschland GmbH* hat bisher nur vereinzelt Nachfrage nach Auszeiten gehabt. Eine Dauer von drei Monaten für ein Sabbatical wird personalseitig als überbrückbar erachtet.

Der *STADA Arzneimittel AG* sind Anfragen von Seiten der Mitarbeiter nach Auszeiten nicht bekannt, weshalb das Thema im Unternehmen eine untergeordnete Rolle einnimmt.

Die *T-Systems Enterprise Services GmbH* hat ihre Ankündigung aus dem Jahr 2001 wahr gemacht und Sabbaticals im Tarifvertrag geregelt. Somit ist der rechtliche Rahmen gesetzt. Die Zeit, die auf Arbeitszeitkonten gesammelt wird, wird allerdings häufig für die Verkürzung der Lebensarbeitszeit genutzt.

Bei der *ThyssenKrupp Aufzugswerke GmbH* werden Auszeiten auf Anfrage gewährt und individuell entschieden. Grundsätzlich gibt es keine Einschränkung, wer ein Sabbatical beantragen kann. Da es bislang nur wenige Einzelanfragen gab, hat die TKAW keine Zahlen dazu erhoben.

Schichtmitarbeiter der *Voerde Aluminium GmbH* haben die Möglichkeit, Mehrarbeit auf einem Arbeitszeitkonto zu sammeln. Eine Auszeit muss mindestens sechs Monate vorher beantragt und mit dem Betrieb abgestimmt werden. Die Mindestdauer des Sabbaticals beträgt drei Monate.

Die *Volkswagen AG* bietet allen seinen Mitarbeitern seit 1991 ein Sabbatical-Programm an, bei dem man sich für mindestens 24 Monate und maximal fünf Jahre freistellen lassen kann. Eine Aufteilung der Auszeit in zwei Zeiträume ist dabei möglich. Das Sabbatical wird über ein individuelles Personalgespräch vorbereitet, in dem über die Gründe für den Ausstieg, die von Seiten des Unternehmens notwendige Unterstützung und den Wiedereinstieg gesprochen wird. Durchschnittlich 330 Mitarbeiter nehmen pro Jahr das Angebot wahr; die Mehrzahl der Mitarbeiter nutzt die Auszeit für die eigene Weiterqualifizierung. Nach Angaben des Unternehmens kommen die Mitarbeiter hochmotiviert aus dem Sabbatical wieder.

Per Tarifvertrag ist die Auszeit beim *Zweiten Deutschen Fernsehen ZDF* geregelt: Auf Langzeitarbeitskonten können bis zu drei Jahre angespart werden. Zwei Drittel davon müssen zur Verkürzung der Lebensarbeitszeit genommen werden, der Rest kann als bezahlte Auszeit gewährt werden. Nach dem Sabbatical kehrt der Mitarbeiter wieder auf seinen alten Posten zurück. Wer unbezahlten Sonderurlaub nehmen will, kann dies ebenfalls tun. Gewährt wird er zur Pflege von Familienangehörigen, zur Kindererziehung oder zur Begleitung des Ehepartners ins Ausland.

XIV

Die Vorbereitung des Sabbaticals

Wer das erste Knopfloch verfehlt, kommt mit dem Zuknöpfen nicht zu Rande.

JOHANN WOLFGANG VON GOETHE

1 Mehr Aufwand als gedacht

Was genau Sie vorbereiten müssen und wie viel Zeit die Planung in Anspruch nimmt, hängt natürlich davon ab, was Sie in der Auszeit machen möchten. Verbringen Sie die Zeit zu Hause, wird sich der Aufwand in Grenzen halten. Beabsichtigen Sie, eine Weltreise anzutreten oder möchten Sie während des Sabbaticals Ihr Zuhause aufgeben, muss entsprechend für einen längeren Zeitraum geplant werden. Vergessen Sie nicht, dass Sie „nebenher" noch arbeiten müssen, und selbst wenn Sinn und Zweck der Vorbereitung sehr angenehm sind, werden Sie nicht immer Zeit und Lust auf diese Doppelbelastung verspüren.

In den Interviews waren die Sabbaticaler häufig der Ansicht, dass sie den Aufwand für die Vorbereitung des Sabbaticals unterschätzt haben. Anton und Gabi benötigten insgesamt zehn Monate Vorbereitungszeit für ihre Afrika-Durchquerung. „Irgendwann waren wir dann so weit, dass wir die Reise auf alle Fälle gemacht hätten, es steckte einfach schon zu viel Arbeit drin", meint Anton.

2 Formalitäten

Gerade wenn Sie die oder der Erste sind, der im Unternehmen in eine Auszeit geht, müssen Sie in aller Regel für die reibungslose Abwicklung der Formalitäten Sorge tragen. Viele Sabbaticaler haben dabei wenig Unterstützung in Form von Beratung seitens der Personalabteilung oder ihres Chefs erfahren, da diese sich nicht oder kaum mit dem Thema auskannten. „Machen Sie mir einen schriftlichen Vorschlag, wie Sie sich die Regelung für das Sabbatical vorstellen und welche Lösung Sie sich für die Übernahme Ihrer Arbeit während der sechs Monate vorstellen", bekam Andrea von ihrem Chef zu hören. Sie kümmerte sich um die Auswahl und Einarbeitung ihres Ersatzes ebenso, wie sie bei der Personalabteilung „immer hinterher sein musste, dass die Sache mit dem Vertrag auch voran ging". Als Assistentin der Geschäftsleitung war sie gewohnt, zu organisieren. Sie deckte sich mit Informationen über die Auszeit ein und machte sich dann eine lange Liste, was es zu regeln galt. „Es kamen aber immer wieder neue Dinge hinzu, an die ich zu Anfang nicht gedacht hatte. Und das alles neben der Arbeit. Wenn es mir zu viel wurde, dachte ich an die sechs Monate Frei-Zeit, und prompt war wieder Energie da.“

Auch der Chef einer Verlagsmitarbeiterin war überfordert. Im Unternehmen war bisher noch niemand ins Sabbatical gegangen, und man wusste nicht, wie damit vertraglich umzugehen war. „Wir wären wirklich dankbar gewesen, wenn wir einen Vertragsentwurf gehabt hätten. Das hätte uns viel Zeit und Mühe erspart“, sagt der Verlagsleiter.

Planen Sie für die Regelung von Verträgen, die Beschaffung von Bescheinigungen, für An- und Abmeldungen, also den ganzen „Papierkram“, mindestens drei Monate ein. Die Personalabteilung Ihres Arbeitgebers mag zwar schneller sein, doch wenn Sie Bescheinigungen und Genehmigungen von Behörden – gerade auch aus dem Ausland – benötigen, sollten Sie den Zeitrahmen nicht zu knapp bemessen.

Beim Abschluss von Krankenzusatz-, Auslands- und Reiseversicherungen ist gute Recherche und ein intensiver Vergleich von Preis und Leistung erforderlich. Nur um nochmals an das extreme Beispiel von Verena zu erinnern: Die gleiche Krankenversicherung für eine einjährige Weltreise sollte sich in einem Fall auf eine Höhe von 250,– Euro, in einem anderen auf lediglich 30,– Euro pro Monat belaufen.[40]

Ein weiterer wichtiger Punkt sind Visa. Bei Individualreisen durch bestimmte Länder oder auch einem längeren Aufenthalt in einem Land ist ein Visum vonnöten. Informieren Sie sich auch hier rechtzeitig; Behördenmühlen mahlen zuweilen sehr langsam.

Wenn Sie eine Weiterbildung absolvieren, sind Anmeldezeiten und -fristen einzuhalten, die nicht selten zwölf Monate vor dem Beginn liegen. Zudem müssen oftmals Zeugnisse übersetzt und beglaubigt oder Tätigkeitsbescheinigungen beschafft werden. Die Sekretärin Sandra entschied sich gegen ihre Traumuniversität in England, da sie sich ansonsten gezwungen gesehen hätte, mehr als ein Jahr Wartezeit zu überbrücken. Eine Univer-

40 Preise von 2001.

sität in Schottland bot ihr kürzere Anmeldefristen, und so konnte sie bereits zum nächsten Semester einsteigen.

Auch für spezielle sportliche Aktivitäten und eine Ausbildung in bestimmten Sportarten sind unter Umständen (übersetzte) Bescheinigungen oder Anmeldeformalitäten erforderlich.

3 Ausgestaltung der Auszeit

Die Vorbereitungszeit und der Aufwand der Vorbereitung hängen auch hier wieder davon ab, wie Sie Ihre Frei-Zeit ausgestalten möchten. Denken Sie daran, dass sich die eigenen Vorhaben ändern können, je mehr Informationen Sie über ein Land haben oder je mehr Sie sich mit dem „Ausfüllen" der Auszeit beschäftigen. Die Pläne werden wie von allein realistischer. Es kristallisiert sich zunehmend heraus, was möglich ist, was man wirklich möchte und welche Vorstellungen Wunschträume bleiben. Andrea hat beispielsweise ihre Reiseroute und die Aktivitäten im Sabbatical mehrmals geändert: „Ich hatte schon ein Visum für China besorgt und war gerade dabei, die Route auszuarbeiten; plötzlich wurde mir bewusst, was es für mich bedeuten würde, dass ich mich in diesem Land kaum verständigen kann. Dann ging der Blick wieder über die Weltkarte und blieb bei Neuseeland hängen." Auch die Idee, als Willing Worker on Organic Farms (WWOOF), also als freiwilliger Helfer auf ökologischen Bauernhöfen, zu arbeiten, kam nicht zustande. Die Organisation von Deutschland aus war Andrea zu zeitaufwendig, und als sie dann in Australien war, stellte sie sehr schnell fest, dass sich ein WWOOF-Aufenthalt kaum so zeitnah hätte organisieren lassen.

Isa wollte sich bewusst die Aktivitäten in der Auszeit offenhalten. Nach knapp 20 Jahren als Hausfrau und Mutter und über zehn Jahren im Beruf wollte sich die 51-Jährige nicht wieder einer Agenda unterordnen. Einige Wochen ruhig und zurückgezogen an einem norwegischen Fjord leben, ein paar Weiterbildungskurse machen und dann ganz einfach sehen, was auf sie zukommt. Bereits in Norwegen zeichnete sich das Desaster ab: Ihr Lebensgefährte trennte sich von ihr, der Töpferkurs in Schweden fiel aus Mangel an Teilnehmern ebenso ins Wasser wie der Sprachkurs in Italien. Die Wohnung war vermietet, und die Freunde, bei denen sie hätte Unterschlupf finden können, befanden sich alle in den Sommerferien. Isa hatte das Gefühl, in ein Loch zu fallen, und zählte die Tage, bis sie wieder an ihren Arbeitsplatz zurückkehren konnte.

Wenn Sie die Aktivitäten für Ihr Sabbatical planen, denken Sie daran, dass es um eine Aus-Zeit, eine Frei-Zeit geht, in der Sie die Geschäftigkeit Ihres „normalen“ Lebens hinter sich lassen dürfen. Sollten Sie die Wochen und Monate wieder mit Aktivitäten vollstopfen oder wie getrieben beispielsweise von Reiseziel zu Reiseziel hecheln, dann wird das Gefühl von Freiheit und Selbstbestimmung sehr schnell einem neuen Aktionismus weichen. In diese Falle war Andrea auf ihrer Australientour geraten. „Zuletzt war es nur noch ein Abhaken von Orten und Sehenswürdigkeiten. Ich wollte einfach alles sehen, und wenn ich an einem Ort einen Tag länger blieb, überkam mich das schlechte Gewissen, dass ich Zeit vertrödelte und mir dafür dann etwas anderes durch die Lappen gehen würde.“

Wer jetzt verzweifelt zum Schluss kommt, dass es immer falsch sein kann, wie man das Sabbatical plant, der sieht nur eine Seite der Medaille. Für die jeweilige Person ist die bewusst getroffene Entscheidung immer die richtige und ist womöglich gerade durch die unangenehme Erfahrung wertvoll. Isa wurde überdeutlich, wie wichtig die Arbeit für sie ist und wie viel Energie und Selbstbewusstsein sie über ihren Job bezieht. Eine längere Auszeit ohne Aufgabe wird für sie wohl nicht mehr in Frage kommen – oder?

Andrea hat festgestellt, dass sie häufig zu viel tut, dass sie alles ganz genau machen möchte und sich selbst kaum Ruhe und Entspannung gönnt. Mit ihrer Erfahrung in Australien kann sie einen Teil von sich sehen, der ihr vorher nicht so gewärtig war. Seit sie wieder in Deutschland weilt, ist sie zwar genauso geschäftig wie vorher, hat aber jetzt in vielen Situationen mehr Abstand und plant feste Ruhe-Inseln für sich selbst ein.

Eines zeigen alle Beispiele, nämlich dass ein Mindestmaß an Planung erforderlich ist. Die Eckdaten und Hauptereignisse der Auszeit sollten Sie früh genug festlegen. Bis Ihre Pläne von der ersten Idee bis zur tatsächlichen Umsetzung gediehen sind, sollten Sie ungefähr einen Zeitraum von sechs Monaten einkalkulieren.

4 Die Leer-Zeit als Lehr-Zeit

Oft wird die persönliche Vorbereitung auf das Sabbatical unterschätzt: das Loslassen der Dinge, die bisher den Alltag bestimmt haben, und das Sich-Einlassen auf Neues. Diese gedankliche und gefühlsmäßige Leistung kann enorm sein. Monate frei zu haben, nur mit sich selbst beschäftigt zu sein, ohne Verpflichtungen und berechenbaren Tagesablauf – diese „Leer-Zeit“

ist für viele eine grundlegende Veränderung in ihrer Lebensweise. Zusätzlich gilt es, das aus der (beruflichen) Tätigkeit gezogene Selbstwertgefühl zu kompensieren.

Mit dieser Ausnahmesituation konfrontiert zu sein, verspricht im Sabbatical den größten persönlichen Profit, wird aber oftmals auch als schmerzlicher Prozess erlebt. Rechnet man im Vorhinein schon mit Veränderungen, ist eher die Ruhe da, diese geschehen zu lassen. Wer sich vorher über den Job oder die Partnerschaft definiert hat, Selbstbewusstsein und Anerkennung nur aus diesen Bereichen bezogen hat, wird das Fehlen dieser Art der Bestätigung vermissen. Wie Isa, die nach der verpatzten Auszeit – die sie im Nachhinein gar nicht mehr als derart negativ empfand – nur noch in den Job zurück wollte.

Viele stellen aber auch im Sabbatical fest, dass die Anerkennung von außen gar nicht mehr dermaßen wichtig ist. Denn in der Auszeit sind so viele Herausforderungen zu meistern, dass man unversehens Qualitäten an sich selbst entdeckt, die man vorher niemals vermutet hätte. „Ich wollte immer die perfekt zurechtgemachte Frau in den tollen Klamotten sein, bin abends in die In-Schuppen gegangen und wunderte mich, dass es mit der Liebe nicht so recht klappen wollte. Die Männer, die ich kennengelernt habe, waren immer oberflächlich, und nach einer kurzen Affäre war es dann auch wieder aus. Im Sabbatical habe ich gemerkt, dass ich versucht habe, etwas zu sein, was ich nicht bin. Und ich habe festgestellt, dass ich ganz gut ohne einen Mann leben kann und alleine perfekt zurechtkomme", sagt Verena. Die Beamtin ist stolz auf ihren Mut, die Weltreise überhaupt gewagt zu haben und die unzähligen neuen Situationen vor, im und nach dem Sabbatical bewältigt zu haben.

Auch Jan hat die Auszeit genossen. Ihm war die „Leer-Zeit" wichtig. Sich den Luxus zu leisten, Zeit zu „verprassen" und sie weder mit Aktivitäten noch mit geistiger und emotionaler Schwerstarbeit auszufüllen. „Morgens aufzustehen, wann ich möchte, zu lesen und nochmals zu lesen, Sport zu treiben, mit Muße für Freunde zu kochen, wann immer ich wollte. Mich ohne Plan und Ziel einfach treiben zu lassen, war ein tolles Erlebnis. Viele meiner Freunde konnten anfangs überhaupt nicht verstehen, wieso ich nicht etwas erleben und die Zeit ‚sinnvoll' nutzen wollte. Vielleicht wäre ich auch weggefahren, wenn meine Freundin mitgekommen wäre. So aber war es mir wichtiger, zu Hause zu sein und Zeit für mich und für uns zu haben."

5 Umgang mit dem privaten Umfeld

Ein weiterer Punkt der Vorbereitung auf die Auszeit ist der Umgang mit den Reaktionen in der Familie und im Freundes- und Bekanntenkreis. Auch hier kann man die gesamte Palette erleben: von Bewunderung, Ermutigung und Hilfe über Unverständnis bis hin zu Ignoranz und Neid. „Die wirklich guten Freunde haben mich unterstützt, sich mit meinem Vorhaben auseinandergesetzt und mir bei der Vorbereitung geholfen", sagt Andrea. „Bei Bekannten bin ich dagegen oft auf Unverständnis und Vorbehalte gestoßen. Wie ich bei der jetzigen Arbeitsmarktlage den guten Job aufs Spiel setzen könne; wer weiß, ob ich trotz der Zusicherung wirklich wieder an meine Position zurückkehren könne. Schließlich wurde das persönliche Vorhaben einfach ausgeklammert und nicht mehr darüber geredet."

Erfahrungen von anderen Sabbatical-Nehmern waren sehr ähnlich gelagert. Gerade das Desinteresse tut anfangs sehr weh, zumal man sich selbst noch nicht so sicher ist über seine Projektidee und Unterstützung und Bestätigung benötigt. Sehr schnell wird einem jedoch klar, dass Angst und häufig auch Neid dahinter stecken, und man muss sich zu der betrüblichen Erkenntnis durchringen, dass diese Bekannten nicht umsonst nur Bekannte und keine guten Freunde sind.

Mit der Reaktion der Eltern und engen Verwandten umzugehen, ist da weitaus schwieriger. „Enttäuschend war für mich, dass meine Eltern mich kaum unterstützt haben. Sie hatten einfach kein Verständnis dafür, dass ich für eine Reise mein Auskommen riskieren wollte. Und sie hatten natürlich Angst, dass mir unterwegs etwas passieren könnte", schildert Andrea ihre Erfahrungen. „Es folgten ewige Auseinandersetzungen, die darin gipfelten, dass wir kaum noch miteinander sprachen. Das war schon hart, aber vielleicht auch notwendig." Während der Reise habe Andrea sich regelmäßig zu Hause gemeldet, aber „die angstvollen Anklagen meiner Mutter am Telefon haben mich dann dazu bewogen, nur noch Postkarten, Faxe und E-Mails zu schreiben."

Auch Gerlinde und Gerald haben eine ähnliche Reaktion erlebt. Gerald: „Besonders mein Vater konnte nicht nachvollziehen, wie ich glauben könne, einfach aus dem Job auszusteigen, ohne meine Karriere zu ruinieren. Als wir zurückkamen und ich wieder da angefangen habe, wo ich aufgehört hatte, zeigte er sich verblüfft und beeindruckt und nahm das Thema Sabbatical ernster. Jetzt erzählt er mir häufig, wer alles in seinem Bekanntenkreis eine Auszeit genommen hat, und ist von dieser Art der Arbeitszeitflexibilität begeistert."

Viele von Alexandras und Peters Freunden haben auf das Vorhaben enthusiastisch reagiert, aber zur gleichen Zeit Bedenken geäußert, dass man sich ein Jahr lang nicht mehr sehen und sprechen würde. Die beiden Weltreisenden haben sich dann entschlossen, sich möglichst intensiv mit der Familie und den Freunden über ihr Vorhaben auszutauschen. Das Ergebnis war, dass nicht wenige im privaten Umfeld selbst vom Reisefieber befallen wurden: „Regelmäßige Nachrichten von unseren Stationen gaben ihnen das Gefühl, an der Reise teilgenommen zu haben."

Mein Tipp: Nehmen Sie die Reaktionen in Ihrem Umfeld gelassener. Binden Sie Ihre Familie und Freunde durch Gespräche in Ihr Vorhaben ein und geben Sie ihnen Zeit, sich mit der neuen Situation anzufreunden.

Das Wichtigste in Kürze:

- Der organisatorische Aufwand für die Vorbereitungen wird häufig unterschätzt.

- Die inhaltlichen Eckdaten und Hauptereignisse der Auszeit sollten Sie früh genug festlegen. Bis Ihre Pläne von der ersten Idee bis zur tatsächlichen Umsetzung gediehen sind, sollten Sie mindestens einen Zeitraum von sechs Monaten einkalkulieren.

- Wenn Sie die Aktivitäten für Ihr Sabbatical festlegen, denken Sie daran: Sie dürfen die Geschäftigkeit Ihres „normalen" Lebens hinter sich lassen.

- Auch Preisvergleiche von Krankenversicherungen, Beantragung von Visa und Anmeldefristen für Aus- und Weiterbildungen kosten viel Zeit. Bedenken Sie auch den Aufwand für die Regelung von Verträgen, die Beschaffung von Bescheinigungen, für An- und Abmeldungen etc.

- Unterschätzen Sie nicht die persönliche Vorbereitung auf das Sabbatical: das Loslassen der Dinge, die bisher den Alltag bestimmt haben, und das Sich-Einlassen auf Neues. Diese gedankliche und gefühlsmäßige Leistung kann enorm sein.

- Bedenken Sie, dass die Reaktionen in der Familie und im Freundes- und Bekanntenkreis von Bewunderung, Ermutigung und Hilfe über Unverständnis bis hin zu Ignoranz und Neid reichen können.
- Nehmen Sie die Reaktionen in Ihrem Umfeld gelassen, binden Sie Ihre Familie und Freunde in Ihr Vorhaben ein und geben Sie ihnen Zeit, sich mit der neuen Situation anzufreunden.

XV

Die Rückkehr

Ein Professor händigte die Unterlagen für das Abschlussexamen aus und verursachte einige Verwirrung bei den Studenten. Einer von ihnen sprang auf und rief aufgeregt: „Aber, Herr Professor, das sind ja die gleichen Fragen, die Sie uns bei der letzten Klausur gestellt haben!" – „Stimmt", sagte er, „aber die Antworten haben sich geändert".[41]

1 Schon vorbei?!

Die Länge des „Urlaubs", deren Ausmaß zu Anfang kaum zu überschauen ist, schrumpft nach dem „Bergfest", dem Erreichen der Halbzeit, genauso unglaublich schnell wieder zusammen. Nur noch drei Monate, nur noch sechs Wochen, noch acht Tage. Die meisten zählen rückwärts, wodurch sich das Gefühl verstärkt, dass Zeit rennt. Und irgendwann ist es dann so weit: Es geht wieder zurück ins „normale" Leben und in den Berufsalltag. Die Reaktionen auf die Rückkehr und der Umgang mit dem Wiedereinstieg sind vielfältig und dabei hauptsächlich abhängig von drei Komponenten:

- warum man in die Auszeit gegangen ist;
- von der Länge des Sabbaticals;
- von der Art und Weise, wie der Einzelne mit Veränderungen, mit Abschied und Neubeginn umgeht.

2 Die letzten Tage

Gerade bei kürzeren Sabbaticals von bis zu sechs Monaten ist die Gefahr sehr groß, dass der Blick starr auf das Ende gerichtet wird und man buchstäblich zum Kaninchen mutiert, das auf die Schlange starrt. Dann wird oftmals in die letzten Wochen alles ins Sabbatical hineinzulegen versucht, was sich noch geradewegs unterbringen lässt. Die Endphase wird zum Stress, und man läuft Gefahr, wieder dort zu beginnen, wo man vor dem Sabbatical aufgehört hat. Besser ist es, sich innerlich rechtzeitig auf das Ende der Auszeit einzustellen. Letztlich ist der Umgang mit der Rückkehr

41 Quelle: www.zitate.de.

eine Frage der Sichtweise. Wenn Sie sich mit dem Gedanken an die Rückkehr unwohl fühlen, dann versuchen Sie, folgende Fragen zu klären:

- Was genau ist es, was Ihnen ein ungutes Gefühl gibt? Ein schwelender Konflikt? Der Kollege, der mich wieder triezt? Die Unzufriedenheit im Job?

- Was können Sie vor/nach der Rückkehr tun, um wieder mehr Zufriedenheit zu erlangen?

- Was sind die Dinge, auf die Sie sich freuen?

- In welcher Weise kann Ihre Rückkehr auch ein Neubeginn sein?

Und: Freuen Sie sich darauf, das zu Hause und auf der Arbeit umsetzen zu können, was Sie im Schutzraum des Sabbaticals erfahren und erkannt haben.

Nach fast sechs Monaten auf Reisen wollte Andrea wieder nach Hause. Die letzten zwei Wochen konnte sie kaum noch aushalten und hatte mehr Heimweh als in der ganzen Zeit zuvor. „Die intensiven Gespräche mit meinen Freunden haben mir gefehlt. Monatelang waren es immer nur die gleichen Fragen – woher kommst du, wohin gehst du. Irgendwann hat diese Oberflächlichkeit genervt. Aber es waren auch solche Kleinigkeiten wie der Wunsch, mich mal wieder schick zu machen und nicht immer nur die gleichen Jeans und die drei verschiedenen T-Shirts zu tragen", meint sie lächelnd.

Anton und Gabi hat die berufliche Wirklichkeit schon einige Wochen vor dem Ende ihrer Auszeit eingeholt. Antons Chef meldete sich mehrmals telefonisch, um ihm eine neue Position anzubieten: „Zweimal bin ich von Afrika aus nach Deutschland hochgeflogen, um Verhandlungen zu führen. Gedanklich war ich damit schon wieder voll im Job. Meine Frau drohte mir, dass ich gar nicht mehr herunterzukommen bräuchte, wenn ich nicht bis zum geplanten Ende der Auszeit bliebe." Die beiden beendeten das Sabbatical dann doch gemeinsam und flogen an einem Samstag nach Frankfurt zurück. Am Montagmorgen erschien Anton wieder frisch rasiert und in Anzug und Krawatte im Büro. Auf die Frage, ob der Übergang nicht etwas abrupt war, zuckt der Manager die Schultern: „Es war unser Traum, Afrika zu durchqueren, und wir haben eine schöne Zeit verbracht. Dann hatte nun mal wieder der Job Priorität." An persönliche Umstellungsschwierigkeiten und Integrationsprobleme kann sich der heute 41-Jährige nicht erinnern.

Oliver und seine Frau haben den Ausstieg langsam vorbereitet, was vor allem für die Kinder wichtig war. Nach fünf Monaten in Spanien und Frankreich kamen sie wieder nach Deutschland zurück, und Oliver ist die restlichen vier Wochen zu Hause geblieben. Er hat morgens die Kinder in den Kindergarten gebracht und sie nachmittags wieder abgeholt, mit ihnen gespielt und sie zu Bett gebracht. „Für die Kinder war die Umstellung am schwierigsten. Im Sabbatical waren wir ständig zusammen, haben viel unternommen und konnten das tun, wozu wir gerade Lust hatten. In Deutschland gab es dann wieder Verpflichtungen."

Bei längeren Sabbaticals – einem Sabbat-Jahr – machen sich oft Ermüdungserscheinungen bereits vor Ende der Auszeit breit. Nach zehn Monaten Unterwegssein merkt man, dass man die Faszination der Reise nicht mehr mit derselben inneren Spannung wie zu Beginn erlebt. Es erweist sich, dass auch das Paradies irgendwann seinen Reiz verliert und es wieder Zeit wird, nach Hause zurückzukehren. „Die letzten Wochen habe ich immer öfter an Zuhause gedacht und mich auf meine Freunde, die eigene Wohnung und die Arbeit gefreut", lautet Verenas Fazit. Dennoch ist ihr das Einleben sehr schwergefallen, und im Nachhinein ist sie der Ansicht, dass sie fast so lange wie das Sabbatical selbst gebraucht hat, um sich wieder vollständig zu akklimatisieren.

Der Architekt Jan verspürte nach acht Monaten zu Hause wieder Lust auf seine Arbeit. „Das kam ganz automatisch. Ich hielt wieder mehr die Augen und Ohren offen, um von interessanten Projekten zu erfahren. Jetzt freue ich mich richtig darauf, arbeiten zu können, und ich habe das Gefühl, neue Ideen und einen klaren Kopf mitzubringen." Seine Selbständigkeit ermöglicht es Jan, seine Auszeit flexibel enden zu lassen und dann wieder mit der Arbeit anzufangen, wenn er einen neuen Auftrag hat.

Aber es gibt auch andere Beispiele. Auf die Frage, wie es Alexandra und Peter kurz vor Ende ihrer Weltreise ging, schrieben die beiden: „Sehr gut, wir sind sehr relaxed, aber ein bisschen traurig, dass unser Jahr schon in drei Wochen zu Ende gehen soll ..." Ob sie Sorgen und Ängste hätten, da zu Hause kein Job auf sie warte? „Nein, keine! Wir haben in diesem Jahr so viel Schönes erlebt, teilweise aber auch sehr viel Armut gesehen. Dies hat uns vor Augen geführt, dass wir uns zu Hause oft unnötige Sorgen gemacht haben. Wir haben viele Leute getroffen, die nichts besitzen, aber uns tausendmal glücklicher erscheinen als die Menschen bei uns."

Alexandra erzählt, dass sie einen Job, der ihr vom Unternehmen schon sechs Monate vor ihrer Rückkehr angeboten worden war, ausgeschlagen hat. „Es war zu früh, diese Entscheidung zu treffen. Wir hatten gerade erst Halbzeit, und da wollte ich nicht schon wissen, was ich in sechs Monaten tun würde." Daraufhin hat sie das Unternehmen von allen Pflichten ihr gegenüber entbunden. Das Paar hat sich entschlossen, sich für die letzten drei Monate des Jahres keinen Job zu suchen. Alexandra hilft in dieser Zeit im elterlichen Betrieb mit, und im neuen Jahr werden beide zusammen eine Entscheidung über ihre berufliche Zukunft treffen.

3 Der erste Arbeitstag

Durchweg haben sich alle Sabbaticaler gefreut, wieder eine Aufgabe zu haben und Verantwortung übernehmen zu können. Wer sich vorher in seinem Job wohl gefühlt hat, ist gerne wieder ins Unternehmen zurückgegangen; wer vorher schon unzufrieden war, hatte eher ein ungutes Gefühl. Die berufliche Veränderung lässt dann meist nicht lange auf sich warten.

Trotz allem ist der erste Tag für die meisten ein Schock. Nicht, weil man jetzt wieder arbeiten muss. Nein, es ist etwas anderes. Eine Art Irritation. Man hat für sich das Gefühl, dass so viel geschehen ist. Kaum hat man aber den Pförtner im Firmengebäude passiert, ist es, als hätte sich überhaupt nichts verändert, als hätte sich das Unternehmen nicht einen Millimeter von der Stelle gerührt. Kopfschüttelnd stellt man fest, dass überall noch die gleichen Probleme herrschen. Ein Projekt, das damals noch unbedingt hätte abgeschlossen werden müssen, steht noch immer offen und wird diskutiert. Und nach wie vor bekommt man das Gefühl vermittelt, dass die Welt sich zu drehen aufhört, wenn ein bestimmter Bericht nicht bis zum Zeitpunkt X fertiggestellt ist. Es werden die gleichen Themen mit den gleichen Argumenten diskutiert, alles ist, als wäre man nur mal eben zwei Wochen weg gewesen. Und das Erstaunlichste daran ist, dass sich die Kollegen dem Druck beugen und die Chefs davon überzeugt sind, dass es diesmal wirklich etwas anderes, Besonderes und Dringendes sei.

Das Bild vom Hamster im Laufrad drängt sich auf: Je schneller er läuft, desto schneller dreht sich das Rad. Aber leider kommt er nicht von der Stelle.

Das Gefühl, von einem anderen Stern zu kommen, lässt im Laufe der Zeit nach, und zwar in dem Maße, in dem man seine Interessen und Prioritäten mit denen der anderen zu koordinieren versteht. Je länger man im Sabbatical war, desto länger dauert in der Regel die Einlebphase.

Während die Sabbaticaler vor einigen Monaten noch die Hektik gepackt hat und sie Überstunden geschoben haben, um das Verlangte möglichst noch zu erledigen, sehen die meisten diese kollektive Panik nach ihrer Auszeit wesentlich gelassener. „Man hat einen besseren Überblick und kann Wichtiges von Unwichtigem unterscheiden. Die meisten Probleme sind hausgemacht", kommentiert Oliver.

Auch im Privatleben braucht man seine Zeit, schon deshalb, weil sich die Beziehungen zu Freunden und Bekannten im Laufe eines Sabbaticals erstaunlich oft neu ordnen. Im positiven wie im negativen Sinne. Da intensivieren sich Kontakte, die zuvor nicht so eng waren. Und manche Freundschaft andererseits scheint zu verblassen. Das Sabbatical verleiht Distanz, man sieht Dinge plötzlich in einem ganz anderen Licht.

Die infolge des Sabbaticals erlangte Gelassenheit verhindert, dass man wieder umgehend ins Laufrad des Jobs gerät und den Tag als nur fremd- und nicht eigengesteuert empfindet. In der Zeit nach dem Sabbatical ist oft ein Spagat zwischen dieser Art der Selbstbestimmung und dem Grad der Anpassung zu bewerkstelligen, der erforderlich ist, um im Job und im privaten Umfeld zurechtzukommen.

Das Wichtigste in Kürze:

- Gerade bei kürzeren Sabbaticals von bis zu sechs Monaten geht für die meisten die Auszeit schneller vorbei als erwartet.
- Wer ein Sabbat-Jahr einlegt, erlebt dagegen oftmals schon Ermüdungserscheinungen vor Ende der Auszeit.
- Achten Sie darauf, dass die Endphase nicht zum Stress wird, sonst laufen Sie Gefahr, wieder dort zu beginnen, wo Sie vor dem Sabbatical aufgehört haben.

- Durchweg haben sich alle Sabbaticaler gefreut, wieder eine Aufgabe zu haben und Verantwortung übernehmen zu können.

- Damit der Schock an den ersten Arbeitstagen nicht zu groß wird: Bereiten Sie Ihre Rückkehr vor. Melden Sie sich beim Chef und den Kollegen und machen Sie sich darauf gefasst, dass sich unter Umständen wenig verändert hat.

- Bewahren Sie sich die in der Auszeit erlangte Gelassenheit und (gesunde) Distanz so lange wie möglich.

- In der Zeit nach dem Sabbatical ist oft ein Spagat zwischen (neu erlangter) Selbstbestimmung und Anpassung an das Umfeld zu leisten.

XVI

Bilanz ziehen

Irrlehren der Wissenschaft brauchen fünfzig Jahre, bis sie durch neue Erkenntnisse abgelöst werden, weil nicht nur die alten Professoren, sondern auch deren Schüler aussterben müssen.

Max Planck, deutscher Physiker und Nobelpreisträger

1 Das Bild vom Haifischbecken

Der größte Teil der Sabbatical-Nehmer bemerkt eine Veränderung an sich, seinem Verhalten und seinen Sichtweisen. Besonders denjenigen, die zur persönlichen Neuorientierung oder aufgrund einer Überlastungssituation ein Sabbatical eingelegt haben, war natürlich die Veränderung wichtig. Einige wenige meinen, dass die Auszeit bei ihnen zu keinerlei Veränderungen geführt habe. In einer Hinsicht sind sich die Sabbaticaler aber alle einig: Ihr berufliches und privates Umfeld hat sich während ihrer Auszeit nicht verändert, es scheint stehengeblieben zu sein. Interessant ist dabei, dass man Bewegung oder Stillstand erst dann feststellen kann, wenn man sich konträr dazu verhält. Vielleicht haben sich einige in dieser Zeit doch etwas mehr bewegt und verändert, als es ihnen erscheint?

An dieser Stelle muss ich an die Geschichte von den Haifischfarmen in den USA denken. Die Tiere sind in Becken untergebracht. Die kleinen in kleinen Becken und die großen in großen Becken. Man fragt sich erstaunt, was für ein logistischer Aufwand es sein muss, die Haie ständig in ein anderes, ihrer Größe entsprechendes Becken zu verfrachten. Die Betreiber der Farm verraten uns ihr Geheimnis: Die Tiere werden nur so groß, wie das Becken es zulässt. Möchte man, dass ein Hai wächst, steckt man ihn in ein größeres Becken. Soll er so bleiben, wie er ist, lässt man ihn im kleinen Bassin.

Ein passendes Bild auch für Menschen im Sabbatical. Wer Neuland betreten, etwas anderes ausprobiert hat, hat seine Komfortzone vergrößert, also den Bereich, in dem er sich wohl fühlt und sich sicher bewegen kann. Er wird kaum wieder in sein vorheriges kleineres Becken passen. Seinen Handlungsspielraum vergrößern bedeutet dabei nicht, dass man auf Weltreise gehen und alles ausprobieren muss. Manchmal kann es eine größere Herausforderung sein, bewusst zu Hause zu bleiben und zu versuchen, den Alltag anders zu gestalten. Oder einige Wochen allein im Nachbarland zu verbringen. Oder 24 Stunden lang mit dem Partner zusammen zu sein. Ein

Familienmitglied zu pflegen. Die Liste ist unendlich lang und hält für jeden die persönliche Prüfung bereit.

2 Impulse für den Job

Wie hat sich die Auszeit nun konkret auf den Berufsweg und die Karrieren der einzelnen Sabbaticaler ausgewirkt? Hat sie sich überhaupt ausgewirkt? Diese Frage kann grundsätzlich mit einem „Ja" beantwortet werden. Wer aus Gründen einer Aus- oder Weiterbildung ins Sabbatical geht, hegt – ausgesprochen oder unausgesprochen – die Erwartung auf einen Aufstieg. In der Praxis wird diesen Erwartungen auch entsprochen, so wie im Falle des Prüfstandmechanikers Gerhard. Er nahm die Möglichkeit einer Zusatzausbildung zum Maschinenbautechniker wahr und bekam im Anschluss verbesserte Einsatzmöglichkeiten offeriert.[42]

Für den Berater Lutz ist die Promotion nicht gleichzusetzen mit einem Karrieresprung, aber mit verbesserten Arbeitsmarktchancen. „Das Wichtigste bei einer Beförderung innerhalb der BCG sind erfolgreiche Kundenprojekte; die Promotion an sich gibt beim Aufstieg nicht unbedingt den Ausschlag. Falls ich einmal den Arbeitgeber wechseln sollte, würde der Titel für bestimmte Positionen allerdings schon ein Plus bedeuten."

Bei Arbeitnehmern, die mit anderen Motiven als der Weiterbildung das Sabbatical wahrgenommen haben, gab es unterschiedliche Entwicklungen. Die meisten steigen wieder da ein, wo sie aufgehört haben. Manch einer schien aber mit neuen Impulsen zurückgekehrt zu sein und erfuhr innerhalb kürzester Zeit einen deutlichen Karrieresprung, sprich, er wurde befördert und mit neuen Aufgaben betreut. Anton kam nach dem Sabbatical auf der Karriereleiter einige Sprossen weiter. Oliver wurde von seinem Unternehmen beauftragt, die Idee, die er im Sabbatical entwickelt hatte, auszubauen. Heute hat er sich damit selbständig gemacht.

Eine dritte Richtung ist die Neuorientierung oder der Jobwechsel nach dem Sabbatical. Das galt unter anderem auch für mich. Mir war deutlich geworden, dass die Neuorientierung nicht darin bestand, nur den Arbeitsplatz zu wechseln, sondern das Wagnis der Selbständigkeit einzugehen. Meine ursprünglichen Bedenken waren nicht gänzlich verschwunden, aber

42 Quelle: Die Zeit 47/2001.

– faszinierend für mich! – mein Mut zum Risiko war ein völlig neuer. Ich entschloss mich, die gesicherte Existenz aufzugeben und mein eigenes Beratungsunternehmen zu gründen. Ein Schritt, den ich bis heute nicht bereut habe, denn auf der Habenseite meiner (Lebens-)Bilanz ist dadurch ein dickes Plus entstanden.

Ein Karrierebremser war das Sabbatical also bei keinem von uns; die Auszeit hat keinen Abwärts-, sondern eher einen beruflichen Aufwärtstrend ausgelöst, auch wenn sich das nicht sofort in einer besser dotierten Stelle niedergeschlagen hat. Das Gefühl, nach der Auszeit seine Arbeit besser zu machen, da man motivierter und engagierter ist und mit klarerem Kopf an die Dinge herangeht, war bei allen Sabbaticalern der Fall.

3 Die persönliche Bereicherung

„Mir ist klar geworden, wie wichtig es ist, Zeit für die Kinder zu haben und als Vater für sie da zu sein und nicht nur abends oder am Wochenende die eigenen Kinder gewissermaßen zu ‚besuchen'. Die drei Monate auf der Insel haben uns als Familie zusammengeschweißt. Auf der anderen Seite ist mir aber auch bewusst geworden, welche Bedeutung die Arbeit für mich hat. Ich habe nicht unbedingt mehr Zeit für die Familie, aber wenn ich sie mir jetzt nehme, bin ich ganz für sie da und nicht mehr mit dem Kopf in der Firma. Ich genieße diese Zeiten mehr und erlebe sie bewusster." So wie Oliver haben alle Sabbatical-Teilnehmer, die ich interviewt habe, die Auszeit in welcher Weise auch immer als persönliche Bereicherung bilanziert, auch wenn die Auszeit nicht so verlaufen ist, wie sie geplant oder erwartet war. Auch der Prozess der Entscheidungsfindung und die Wiederkehr wurden durchweg positiv bewertet.

Keiner hat das Erleben der Auszeit missen wollen, und alle haben diesen Zeitraum als etwas Besonderes, als ein Privileg für sich empfunden. Viele haben in dieser Zeit eine Erfahrung von „Freiheit" gemacht. Die Souveränität, über die eigene Zeit entscheiden zu können und für alles, was man tut, die Verantwortung zu tragen und die Auswirkungen unmittelbar zu erleben, ist für die meisten ein Erlebnis, das im (Berufs-)Alltag kaum noch spürbar ist. „Nichts tun zu müssen, alles tun zu können, Zeit scheinbar zu ‚verschwenden' war für mich ein unglaubliches Gefühl von Luxus", schildert Verena ihre Empfindungen. Und für Andrea zählt die „Ruhe und Ausgeglichenheit, die ich jetzt habe, enorm. Sie gibt mir eine Menge Stabilität und Selbstbewusstsein."

Durch die Auszeit kann man sich selbst besser kennenlernen, und manche entdecken sogar vergessen geglaubte Eigenschaften wie Intuition oder „emotionale Intelligenz“. Wird man nicht mehr derartig von Informationen, Aktivitäten und Zwängen überfrachtet, ist man in der Lage, auch die kleineren und scheinbar nebensächlichen Dinge zu beachten. Das Annehmen der Gegenwart, dessen, was gerade ansteht und passiert, gibt Selbstvertrauen und das Gefühl, die eigene Persönlichkeit wirklich zu leben. Eine Erfahrung von Balance zwischen Körper, Geist und Seele. Alle diese Eindrücke sind sehr subjektiv und persönlich und für einen Außenstehenden kaum nachvollziehbar. Sie erscheinen idealisiert und abgehoben; teilweise selbst dem, der sie gemacht hat und im Nachhinein davon schwärmt.

Lothar J. Seiwert: Mit einem Ausstieg auf Zeit die Balance (wieder-)finden

„Du musst mobil sein.“ „Du musst stets erreichbar und ansprechbar sein.“ „Du musst mehr Verantwortung für Dein Leben übernehmen.“ Mit solchen Anforderungen werden wir in unserer Gesellschaft zunehmend konfrontiert. Wir sollen nicht nur mehr, sondern stets neue Anforderungen erfüllen. Anforderungen, die sich zudem oft schwer vereinbaren lassen.

Viele Menschen reagieren hierauf, indem sie versuchen, immer mehr Dinge in stets kürzerer Zeit zu erfüllen. Die Folge: Sie führen ein Leben in High-Speed. Und zunehmend verstärkt sich in ihnen das Gefühl: Ich bin nicht mehr Herr meiner Zeit. Ich werde zunehmend fremdbestimmt. Außerdem gelingt es mir immer weniger, die rechte Balance zwischen den vier Lebensbereichen

- „Arbeit/Leistung“,
- „Familie/Kontakt“,
- „Körper/Gesundheit“ und
- „Sinn/Kultur“

zu wahren.

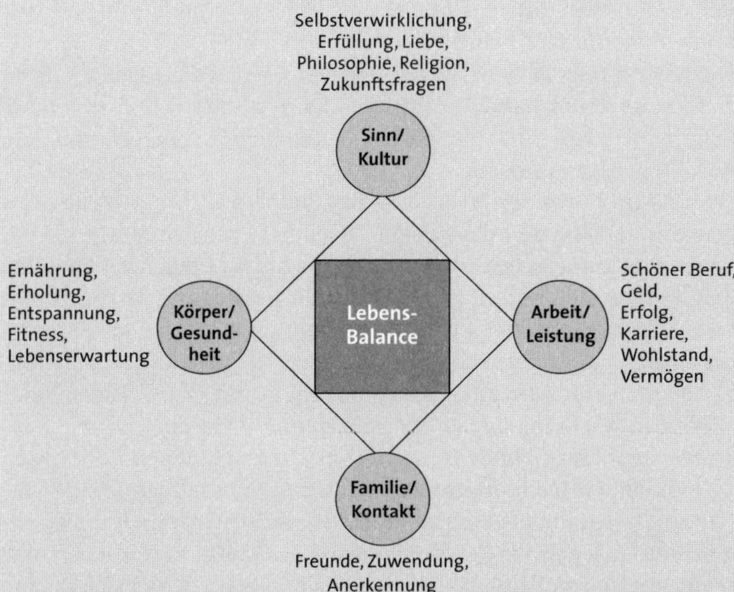

Quelle für das Balance-Modell: Peseschkian/Seiwert

Sie funktionieren nur noch, statt als Life-Leader ihr Leben aktiv zu gestalten. Deshalb schlittern sie immer häufiger in Lebenskrisen – sei es, dass sie körperlich oder psychisch kollabieren.

Solche Krisen können wir nur vermeiden, wenn wir uns regelmäßig fragen:

- Was ist mir in meinem Leben wirklich wichtig?
- Welche (Lebens-)Ziele möchte ich erreichen?
- Was muss ich tun, damit ich meine (Lebens-)Ziele erreiche?
- Was bedroht mein (künftiges) Lebensglück?
- Wie kann ich diesen Bedrohungen begegnen?

Auf diese Fragen finden wir in der Hektik des Alltags meist keine Antwort – vor allem, weil uns dann die nötige Distanz zum Alltag fehlt.

Deshalb sollten wir uns regelmäßig eine Auszeit gönnen. Diese Auszeiten können vielfältiger Natur sein. Hierbei kann es sich zum Beispiel um einen Kurzurlaub in den Bergen oder ein Verwöhnwochenende in einem Wellness-Center handeln. Entscheidend ist, dass wir dem Trubel des Alltags entfliehen und die innere Ruhe finden, um uns mit den genannten Fragen zu befassen.

Eine besondere Form der Auszeit ist das Sabbatical. Eine solche Auszeit über mehrere Monate oder gar ein Jahr empfiehlt sich, wenn wir das Gefühl haben: Ich stecke fest. Auf meinem jetzigen Lebensweg kann ich keine Erfüllung finden. Ich muss einen neuen Lebensweg für mich entwerfen, weil es in mehreren Lebensbereichen zwar noch nicht brennt, aber bereits die ersten Flammen der künftigen Krise lodern. Dann sollten wir eine längere Auszeit nehmen, denn in ein, zwei Tagen oder Wochen können wir kein neues Lebenskonzept entwerfen.

Auch aus folgendem Grund: Wenn wir uns auf einen neuen Lebensweg begeben, müssen wir auch unsere ausgetretenen (Verhaltens-)Pfade verlassen. Dies fällt uns in der Alltagsumgebung meist schwer. Deshalb verbringen viele Menschen ihr Sabbatical nicht zu Hause. Sie begeben sich stattdessen zum Beispiel auf eine Weltumseglung oder ziehen sich in eine Almhütte zurück. Denn sie wissen: Dann finde ich eher die innere Ruhe, in der neue Gedanken in mir aufsteigen, und fern von zu Hause wird mir eher bewusst, was mir wirklich wichtig ist.

Solche Auszeiten sind keine verlorene Zeit. Das zeigt die Erfahrung. Sie wirken sich meist auch positiv auf den beruflichen Erfolg aus. Denn wenn wir unseren Lebensweg (wieder-)gefunden haben, können wir voller Energie durchstarten. Denn nun wissen wir, was wir wirklich wollen. Entsprechend konzentriert und fokussiert gehen wir ans Werk. Wir laufen nicht mehr mit „angezogener Handbremse" durchs Leben.

Doch Vorsicht: Ein Sabbatical ist kein verlängerter Urlaub. Zentrales Anliegen hierbei ist nicht das Ausspannen, sondern das Sich-neu-Besinnen. Deshalb sollte ein Sabbatical gut vorbereitet sein. Sie sollten vorab wissen: Worüber möchte ich Klarheit gewinnen? Welches Ziel möchte ich in dem Sabbatical erreichen? Sonst besteht die Gefahr, dass Woche für Woche und Monat für Monat verstreichen. Diese genießen Sie zwar, doch wenn Sie nach dem Sabbatical in den Alltag zurückkehren, starten Sie wieder dort, wo Sie sechs Monate oder ein Jahr zuvor ausgestiegen sind. Dann war die Auszeit kein Sabbatical, sondern nur ein langer Urlaub.

Prof. Dr. Lothar J. Seiwert, Zeitmanagement-Experte, www.seiwert.de.

4 Katalysator und Energiedepot

Auf der anderen Seite brauchen Sie keine Bedenken zu haben, dass die Auszeit Ihr ganzes Leben umkrempeln wird. Für Anton und Gabi war die Reise durch Afrika die Erfüllung eines Traumes, danach ging es für beide im Job und in der Beziehung genauso weiter wie zuvor. Für Anton ist die Traumreise so etwas wie ein Energiedepot geworden, aus dem er sich Kraft und Ruhe für die Arbeit holen kann. „Manchmal denke ich fast täglich daran. Ganz kurz nur und nicht genervt oder weil ich mich von hier wegwünsche, sondern weil es mir Freude bereitet." Auch Cornelia meint: „Wenn sich alle wieder über Kleinigkeiten aufgeregt haben, war es manchmal wirklich schwer. In solchen Augenblicken habe ich mich dann wieder nach Südafrika zurückgesehnt." Auch Gerlinde und Gerald denken oft an die Auszeit: „Das gibt Kraft und hilft, Abstand zu gewinnen und die Perspektive zu wechseln."

Eine Auszeit muss nicht zwangsläufig den großen Umbruch mit sich bringen. Es ist nicht das Sabbatical an sich, das etwas ändert. Falls vorher etwas nicht gestimmt hat, sei es im privaten oder beruflichen Bereich, dann wird die Auszeit zum Katalysator. Veränderungen, die früher oder später ohnehin eintreffen würden, beschleunigen sich. Entscheidungen werden früher, klarer und radikaler getroffen. Gerlinde und Gerald meinen dazu: „Für uns ist die Work-Life-Balance sehr wichtig, und wir haben unserem Privatleben und unserer Beziehung immer viel Platz eingeräumt. Durch diese Ausgewogenheit zwischen Beruf und Privatleben hat sich für uns durch das Sabbatical nie die Frage nach einem Jobwechsel gestellt. Wer vorher schon mit dem Job latent unzufrieden war, der wird es nach der Auszeit noch mehr sein. Und wenn man wochenlang 24 Stunden am Tag miteinander verbringt, weiß man sehr genau, ob die Beziehung in Ordnung ist. Uns hat die Intensität des Zusammenseins eher noch mehr verbunden."

5 Der Weg beginnt am Ziel

Als ich durch Spanien wanderte, hörte ich immer wieder: „Der Weg beginnt in Santiago." Mir war zu Anfang nicht klar, was damit gemeint war. An meinem Ziel, in Santiago de Compostela, sollte der Weg für mich eigentlich enden. Je näher ich dem Ziel kam, desto mehr spürte ich, wovor mich die Reise bewahrt. Solange ich unterwegs war, brauchte ich mir über die Konsequenzen für mein Leben zu Hause keine Gedanken zu machen. Und genau das war es, was die alten Leute gemeint hatten: Wenn man zu

Hause ankommt, gilt es, das, was man erfahren hat, Schritt für Schritt umzusetzen.

Dies vermag niemand ohne Schwierigkeiten zu vollziehen. Denn Alltagsleben, Hektik und Stress scheinen die positiven Erfahrungen zu verschlingen. Schon ganz alleine dadurch, dass man im Berufsleben andere Prioritäten als im Sabbatical und starke zeitliche Bindungen und Verpflichtungen hat, lässt es sich nicht vermeiden, dass der Blick wieder etwas eingleisiger und manchmal auch tunnelartig wird. Dies genau ist die Problematik nach dem Sabbatical: Schritt für Schritt die Erfahrungen des Sabbaticals im Alltag umzusetzen. Schaffen Sie sich Abhilfe. Gönnen Sie sich Tagträume, Kopfkino und Ruhe-Inseln. Lehnen Sie sich zurück, atmen Sie tief durch und versetzen Sie sich wieder ins Sabbatical. Wie war das damals? Was haben Sie gefühlt und gedacht? Wie sind Sie damals an schwierige Situationen herangegangen? Wie haben Sie Probleme gelöst?

Durch das ständige Sich-wieder-ins-Gedächtnis-Rufen der Auszeit werden die persönlichen Werte und Haltungen wieder präsent, Sie setzen sich eine andere Brille auf, durch die Sie die Realität betrachten, und der eigene Handlungsspielraum erweitert sich. Die Drogistin Christine orientiert sich oft an den Erlebnissen in den USA: „Wenn ich nicht genau weiß, was ich machen oder wie ich mich verhalten soll, denke ich an die Zeit in den USA zurück. Ich überlege mir, wie die indianische Familie mit der Situation und dem Problem umgegangen wäre. Die Lebenseinstellung ist dort eine ganz andere als in der westlichen Welt. Die Dinge werden leichter und mit Humor genommen, und man versucht das Leben so zu akzeptieren, wie es ist."

Auf der anderen Seite können die Erkenntnisse des Sabbaticals auch wie ein Stachel wirken. Missstände, die man erkannt hat, Veränderungen, die man vielleicht sogar schon lange hat vornehmen wollen, aber bisher nie in die Tat umgesetzt hat, lassen einen nicht mehr los. Früher oder später werden Sie diese Veränderungen umsetzen und Ihre Pläne realisieren. Wer also seine Ruhe haben möchte und will, dass alles beim Alten bleibt, sollte sich auf jeden Fall gegen eine Auszeit entscheiden.

Das Wichtigste in Kürze:

- Der größte Teil der Sabbatical-Nehmer bemerkt nach der Auszeit eine Veränderung an sich, seinem Verhalten und seinen Sichtweisen.
- Oft löst das Sabbatical einen beruflichen Aufwärtstrend aus.
- Sabbatical-Nehmer bilanzieren ihre Auszeit – in welcher Weise auch immer – als persönliche Bereicherung. Auch der Prozess der Entscheidungsfindung und die Wiederkehr wurden durchweg positiv bewertet.
- Viele haben eine Erfahrung von „Freiheit“ gemacht: Die Souveränität, über die eigene Zeit entscheiden zu können, ist für die meisten ein Erlebnis, das im (Berufs-)Alltag kaum noch spürbar ist.
- Eine Auszeit muss nicht zwangsläufig den großen Umbruch mit sich bringen, allerdings kann die Auszeit zum Katalysator werden.
- Als ich durch Spanien wanderte, hörte ich immer wieder: „Der Weg beginnt in Santiago.“ Mir war zu Anfang nicht klar, was damit gemeint war. An meinem Ziel, in Santiago, sollte der Weg für mich eigentlich enden. Je näher ich dem Ziel kam, desto mehr spürte ich, wovor mich die Reise bewahrt. Solange ich unterwegs war, brauchte ich mir über die Konsequenzen für mein Leben zu Hause keine Gedanken zu machen. Und genau das war es, was die alten Leute gemeint hatten.
- Der Weg beginnt am Ziel: Wenn man zu Hause ankommt, gilt es, Schritt für Schritt die Erfahrungen des Sabbaticals im Alltag umzusetzen.

XVII

Hilfreiche Adressen

Über Anregungen und Kommentare zum Thema Sabbatical und zu diesem Buch freue ich mich. E-Mails bitte an sabbaticals@imanent.de schicken.

Infos zu rechtlichen Fragen

- Bundesministerium für Arbeit und Sozialordnung. Kostenloses Info-Telefon 01805-67 67 13. www.bmas.de.

- Arbeitszeitberatung Dr. Hoff, Weidinger, Herrmann, Lützowufer 1, 10785 Berlin. Telefon: +49 (30) 803 20 41. www.arbeitszeitberatung.de. Beratung hinsichtlich betrieblicher Regelung zum Thema Arbeitszeit.

- Katja Pinnow, Anwaltskanzlei Pinnow, Bahnhofstr. 31, 73728 Esslingen, Telefon +49 (711) 8 82 70 05, k.pinnow@kanzlei-pinnow.de, www.kanzlei-pinnow.de.

- Ulf Weigelt, Rechtsanwalt und Fachanwalt für Arbeitsrecht, Choriner Straße 63, 10435 Berlin, Telefon +49 (30) 446 517 42 oder +49 (30) 346 276 26, weigelt@weigelt-ziegler.de, www.weigelt-ziegler.de.

Schweiz und Österreich

- Information und Beratung zum Thema Auszeit in der Schweiz gibt es unter www.beobachter.ch. Per Telefon +41-43-444 54 01 für Fragen zum Bereich Arbeit und +41-43-444 54 05 für Fragen zum Thema Sozialversicherungen. Der Beratungsdienst ist grundsätzlich nur für Abonnenten des Beobachters.

- Für österreichische Arbeitnehmer gibt es telefonische und persönliche Beratung bei der Bundeskammer für Arbeiter und Angestellte http://www.akwien.at/, Telefon +43-1-50 165-0 (Bereich für Pensions-, Kranken- und Unfallversicherung).

Hilfreiche Adressen, deren Internetseiten zusätzlich gute Links bieten:

- Wirtschaftskammern Österreich www.wk.at, Telefon +43-1-50 105-0.

- Arbeitsmarktservice Wien www.ams.or.at, Telefon +43-1-33 178-0.

- Bundesministerium für Arbeit, Soziales und Konsumentenschutz www.bmsk.gv.at, Telefon +43-1-71 100-0.

Versicherungsfragen

- Deutsche Rentenversicherung Bund, Berlin. www.deutsche-rentenversicherung-bund.de, Telefon 0800-1000-480-70.

- Unter www.krankenkasse.de/ausland informieren die gesetzlichen Krankenkassen über die Regelungen bei Auslandsaufenthalten.

- Verband der privaten Krankenversicherung e.V. www.pkv.de, Telefon +49 (221) 9987-0.

- Beim Bundesministerium für Arbeit und Sozialordnung kann unter www.deutsche-rentenversicherung-bund.de ein Rentenberechnungsprogramm als CD bestellt werden (Kosten 19,95 Euro). Mit diesem Programm können Rentenansprüche individuell berechnet werden. Voraussetzung für eine Nutzung sind jedoch grundsätzliche rentenrechtliche Kenntnisse und genaue Kenntnisse Ihrer Bruttoverdienste aller Erwerbsjahre. www.bma.de, Telefon +49 (228) 527-1111.

- Beim Infodienst der DAK gibt es die entsprechenden Gesetzestexte. Eher etwas für Personal- und Rechtsabteilungen als für Otto-Normalverbraucher. www.dak.de.

Auslandsaufenthalte

- Auswärtiges Amt, www.auswaertiges-amt.de, Reiseinformation, Visum, Gesundheit, Vertretungen und Arbeiten im Ausland.
  Telefon +49 (30) 18-17-0.

- Gegen eine Gebühr helfen Visa-Agenturen wie die SerVisum Konsular- und Visum-Agentur GmbH bei der Beschaffung von Touristen- und Arbeitsvisa. Tel. +49 (40) 48 000 50, www.servisum.de. Weitere Agenturen im Reiseratgeber von www.focus.de.

- Viele Reiseveranstalter haben auf ihren Seiten ebenfalls ausführliche Informationen zu den einzelnen Ländern.

Aus- und Weiterbildung im Ausland

- Der Council on International Educational Exchange e.V. (CIEE) bietet Austausch-, Studien- und Sprachprogramme sowie Aushilfsjobs im Ausland, vorrangig in den USA. www.ciee.org. Telefon +49 (30) 442-7950.

- Die Informations- und Beratungsstelle zur beruflichen Aus- und Weiterbildung für Deutsche im Ausland (IBS) berät – unter dem Dach der InWEnt – Internationale Weiterbildung und Entwicklung gGmbH – Einzelinteressenten persönlich, schriftlich und telefonisch bei der Planung von Auslandsfortbildung. www.ibs.inwent.org.
  Telefon +49 (228) 44 60-1-123.

- Deutsches Akademisches Auslandsamt, www.daad.de. Infos zu Studium, Forschung und Lehre im Ausland. Telefon +49 (228) 8820.

- Auch die internationalen Industrie- und Handelskammern sind oft eine nützliche erste Anlaufstelle. www.worldchambers.com.

- Eine Liste mit Links zu über 5.500 Bildungseinrichtungen, hauptsächlich aus dem universitären Bereich, gibt es unter www.braintrack.com.

- Eine nützliche Seite mit vielen Tipps und Ratschlägen rund um das Thema Aus- und Weiterbildung im Ausland gibt es unter www.weiterbildung-ratgeber.de.

- Schüler und Studenten können sich im Zusammenhang mit Aus- und Weiterbildung auf www.karriere-im-ausland.de informieren. Es finden sich dort außerdem Hinweise und Tipps zu Freiwilligenarbeit und zu Work&Travel-Kombinationen.

- Die Seite www.weiterbildung.net informiert über die verschiedenen Formen von Weiterbildung und hat eine eigene Rubrik für das Thema Weiterbildung im Ausland.

- Eine Liste mit verschiedenen Links zum Themenspektrum Aus- und Weiterbildung im Ausland findet sich unter www.deutsche-kultur-international.de.

Tipps für engagierte Sabbaticaler

- Wer als freiwilliger Helfer in einem Projekt oder Workcamp tätig werden will, kann dies beim Service Civil International oder seinen Partnerorganisationen tun. Informationen unter www.sciint.org.

- Arbeitsgemeinschaft für Entwicklungshilfe (AGEH) ist ein Personaldienst, der Fachkräfte an Entwicklungshilfeorganisationen vermittelt, insbesondere auch an Caritas-International. www.ageh.de, Kontaktdaten: Telefon +49 (221) 8896-0.

- Unter www.freiwilligenarbeit.de lassen sich zahlreiche Informationen über verschiedene Formen von Freiwilligenarbeit im Ausland und Work&Travel-Kombinationen finden. Eine Linksammlung führt zu weiteren informativen Seiten.

- Die Seite www.projects-abroad.de informiert über verschiedene Angebote zum Thema Freiwilligenarbeit im Ausland. Themenschwerpunkte sind zum Beispiel Tierschutz-, Umweltschutz- oder Sozialprojekte.

- Stepin (Student Travel & Education Programmes International) bietet Studenten, aber auch anderen Interessierten ein umfassendes Angebot an Freiwilligenjahresprogrammen, Projektarbeiten, Work&Travel- und Sprachreisen an. Zusätzlich gibt es unter der Telefonnummer +49 (228) 956 95-0 zwischen 8:30 Uhr und 20 Uhr einen Beratungsservice. Informationen unter volunteer@stepin.de. Weitere Informationen gibt es auf der Seite www.stepin.de.

Persönlicher Rat & Hilfe

- Dipl.-Psychologin Dr. Eva Wlodarek, Telefon +49 (40) 45-85-17, Fax 41-308-990. Psychologische Beratung und Lebenshilfe bei persönlichen und beruflichen Problemen. Evawlodarek@wlodarek.de.

- Dipl.-Psychologin Marion Semelka, Telefon +49 (611) 5 16 72, Fax +49 (611) 5 11 40. Psychologische Beratung und Therapie. Hilfe bei Burn-out und Sucht. semelka@psychotherapie-uhlandstrasse-wiesbaden.de.

- Imanent Beratung und Training GmbH. Beratung und Coaching zu den Themen Work-Life-Balance, Sabbatical und Persönlichkeitsentwicklung. Telefon +49 (711) 4705020, www.imanent.de.

XVIII

Literaturempfehlungen

Einstimmende Ratgeber und Lesebücher

Wlodarek, Eva: Spielregeln des Lebens für mehr Glück und Erfolg. Frankfurt, 2001. Eine Leseprobe von Eva Wlodarek gab es in diesem Buch schon. Ein fantastisches Buch für alle, die genau wissen, was sie wollen, aber Schwierigkeiten bei der Umsetzung haben.

Sprenger, Reinhard K.: Die Entscheidung liegt bei Dir! Wege aus der alltäglichen Unzufriedenheit. Frankfurt, 2004. Für alle, die wieder selbst am Ruder ihres Lebens stehen wollen.

Fuchs, Jürgen: Das Märchenbuch für Manager. Frankfurt, 2007. Diese Lektüre regt zum Nachdenken an. Nicht nur für Führungskräfte, sondern auch für die, die geführt werden sollen.

Loll, Anna: Auszeit mit Risiko. In: F.A.Z. vom 10.01.2009. Krisen sind ideal für Sabbaticals – zumindest theoretisch.

Jommersbach, Silke: Raus aus der Tretmühle. In: Online-Magzin Focus vom 26.02.2008. Gründe und Tipps für eine Jobpause.

Küstenmacher, Werner Tiki und Seiwert, Lothar: Simplify your Life: Einfacher und glücklicher leben. Frankfurt, 2001. Ein Buch über die Zeit im eigenen Leben.

Bohn, Susanne: Leben in Balance: So kommen Sie ins Gleichgewicht. München, 2007. Job, Familie, Freunde, Freizeit, Sport – wie sie alles unter einen Hut bringen können, verrät Ihnen der Ratgeber.

Klein, Stefan: Zeit: Der Stoff, aus dem das Leben ist. Eine Gebrauchsanleitung. Frankfurt, 2008. Der Autor zeigt, wie wir unsere Zeit besser nutzen und damit für den Film unseres Lebens selbst Regie führen können.

Thema rechtliche Grundlagen

Teilzeit – alles was Recht ist. Leicht verständliche Erläuterungen für Arbeitnehmer und Arbeitgeber zu den rechtlichen Rahmenbedingungen der Teilzeit. Herausgegeben vom Bundesministerium für Arbeit und Sozialordnung. Bestellnummer A 263 für die Broschüre. DVD „Teilzeit und Altersteilzeit", Bestellnummer D 132. Für einen Teilzeit-Netto-Rechner gibt es eine spezielle Seite auf www.bma.bund.de. Info-Telefon siehe „Hilfreiche Adressen".

Teilzeit – Neue Perspektiven. Darstellung von Modellen, Menschen und Motiven mit Argumentationshilfen für Arbeitnehmer. Mit Testfragen zum Anspruch auf Teilzeitarbeit. Herausgegeben vom Bundesministerium für Arbeit und Sozialordnung. Pdf zum Download auf der Publikationen-Seite. www.bma.bund.de. Info-Telefon siehe „Hilfreiche Adressen".

Weis, Sebastian: Flexible Arbeitszeit- und Vergütungsmodelle: Rechtliche Gestaltungsmöglichkeiten. Saarbrücken, 2009.

Vollzeit, Teilzeit, Sabbatjahr: Flexibel mit der Zeit umgehen. Stiftung Warentest, Berlin, 2006.

Wirtschafts- und sozialwissenschaftliche Betrachtungen

Siemers, Barbara: Sabbaticals. Optionen der Lebensgestaltung jenseits des Berufsalltags. Erfahrungen mit neuen betrieblichen Freistellungsmethoden. Frankfurt, 2005.

Siemers, Barbara: Sabbatical und Langzeiturlaub: Befristeter Ausstieg – Einstieg in mehr Lebensqualität? In: WSI Mitteilungen 10/2001. S. 616–621.

Fraundorfer, Robert: Kann ein Sabbatical zur Motivationssteigerung der Belegschaft und Ergebnisverbesserung des Unternehmens beitragen? Hamburg, 2005.

Pfahl, Svenja und Reuyß, Stefan: Arbeitszeiten und Familienzeiten – Vereinbarkeit verschiedener Zeitrhythmen. In: WSI Mitteilungen 10/2001. S. 646–647.

Bielenski, Harald: Erwerbswünsche und Arbeitszeitpräferenzen in Deutschland und Europa. Ergebnisse einer Repräsentativbefragung. In: WSI Mitteilungen 4/2000. S. 228–237.

Pietsch, Kerstin: Sabbatical. Zur sozialen und kulturellen Praxis eines neuen Modells. Lesenswerte Magisterarbeit im Fach Europäische Ethnologie. Berlin 2004.

Abeltshauser, Christiane: Das Sabbatical – ein modernes Übergangsritual? Empirische Untersuchungen zum Reisen als persönliche Auszeit. Magisterarbeit im Fach Ethnologie/Volkskunde zu finden unter www.diplomarbeit24.de.

Rinderspacher, Jürgen P.: Zeitwohlstand in der Moderne. Wissenschaftszentrum Berlin für Sozialforschung (Hg.), Berlin 2000. Quelle: www.wz-berlin.de. Rinderspacher untersucht, was hinter dem Begriff „Zeitwohlstand" steckt. Als Pdf-Dokument ist das Buch erhältlich unter: www.bibliothek.wzb.eu/pdf/2000/p00-502.pdf.

Sabbatical-Ratgeber und Artikel zum Thema Auszeit

Während hier in der ersten Ausgabe dieses Ratgebers nur ein deutscher und ein englischsprachiger Titel zu finden waren, hat sich in der Zwischenzeit die Zahl der Ratgeber beträchtlich erhöht. Hier eine Auswahl:

Christa Langheiter: Mut zur Auszeit: Mit Sabbatical, Langzeiturlaub und Ausstieg auf Zeit zu mehr Lebensqualität und neuen Perspektiven. Programm Österreich.

Pohl, Elke: Auszeit ohne Risiko. Ein Ratgeber für Teilzeit, Sabbatical und mehr Freizeit. Wien, 2004.

Voigt, Diana: Sabbatical – Ausstieg auf Zeit. Eine Abenteuerreise zu sich selbst. München, 2005.

Hübner, Thomas: Die Kunst der Auszeit. Vom Powernapping bis zum Sabbatical. Zürich, 2006. Für alle, die erst einmal kleine Auszeiten von einer Minute bis 6 Wochen wagen wollen.

Barbera, Patrizia: Auszeit im Entwicklungsland. F.A.Z. vom 29.07.2008.

Sabbatical: Weit weg von Alltag, Job und allen Sorgen. In: Stern 2008.

Loll, Anna: Sabbatical. Auszeit mit Risiko. In: FAZJob.net. 2009.

Dossier Sabbatical: Auszeit für die Seele. In: Ökotest 02/2004. S. 106–116.

Weitere Artikel finden Sie unter http://www.imanent.de/html/unternehmen/u_presse.htm und http://www.imanent.de/html/specials/sab_publikationen.htm. Die Seiten werden ständig aktualisiert mit neuen Artikeln zum Thema Auszeit.

Thema Jobben im Ausland

Beckmann, Georg: Jobben weltweit. Arbeiten und helfen. Tausende von Jobmöglichkeiten. Sehr guter und übersichtlicher Ratgeber, der eine Fülle von Adressen und Arbeitsmöglichkeiten wie Workcamps, Praktika, Friedens- und Sozialdienst weltweit anbietet.

Frank, Monika u.a.: Jobben für Natur und Umwelt. Europa und Übersee: Adressen – Erfahrungsberichte – Tipps. Freiburg, 2006.

Der Reise Know-how Verlag Rump hat zu verschiedenen exotischen Ländern Reiseführer aus der Reihe: *Reisen und Jobben.* Beispielsweise Australien, Neuseeland oder Japan.

Gry Troll, Susanne: Die Auslandsreise 2008: Alles über Arbeitsaufenthalt, Au-pair, Sprachreisen, Praktikum, Studienaufenthalt, Homestay, Erlebnisreisen im Ausland uvm. Nidderau, 2008.

Thema Sorgen und Angst

Carnegie, Dale: Sorge dich nicht – lebe! Frankfurt, 2003. Etwas altertümlich und teilweise langatmig geschrieben, gibt dieser Klassiker noch immer viele wertvolle Tipps zum Umgang mit Sorgen und negativen Gedanken.

Pohle, Rita: Weg mit den Sorgen: 10 Schritte in ein leichteres Leben. München, 2006.

Bandelow, Borwin: Das Angst-Buch: Woher Ängste kommen und wie man sie bekämpfen kann. Reinbek, 2006.

Die Autorin

Barbara Hess, geboren 1966 in Wiesbaden, absolvierte an Universitäten in Deutschland, Frankreich und Spanien ein pädagogisch-sprachwissenschaftliches Studium. Zusätzlich nahm sie zahlreiche weitere Aus- und Weiterbildungen in Deutschland und den USA wahr, unter anderem als Managementtrainer und Individualcoach, als systemische Beraterin und als PR Consultant. Die Autorin verfügt über langjährige Berufserfahrung in den Bereichen Beratung, Coaching, Führungskräftetraining, Vertrieb und Marketing & Communications.

Während ihrer Zeit als Führungskraft in einer internationalen Unternehmensberatung wählte sie das Sabbatical als Weg der Neuorientierung. Nach dreieinhalb Monaten Auszeit und 1.000 Kilometern zu Fuß stand ihr Entschluss fest: Sie kündigte ihren Job und machte sich selbständig. Ihr Unternehmen Imanent Beratung und Training GmbH (www.imanent.de) ist auf die Bereiche Personal- und Organisationsentwicklung spezialisiert. Die Arbeitsschwerpunkte von Frau Hess liegen in der Managementdiagnostik, dem Führungskräfte-Coaching, der Moderation von Workshops, der Prozessbegleitung sowie in der Konfliktmoderation.

(Copyright Foto: Petra A. Killick, Wiesbaden)

Johannes Czwalina
Karriere ohne Reue
So schaffen Sie Sinn und Lebensqualität trotz Leistungsdruck
220 Seiten. Hardcover mit Schutzumschlag.
24,90 € (D), 44,00 CHF*
ISBN 978-3-89981-161-2

Ursula Kals
Zehn Fallstricke
Die fatalsten Fehler, die Sie aus dem Job katapultieren
192 Seiten. 2. Aufl. Hardcover mit Schutzumschlag.
24,90 € (D), 44,00 CHF*
ISBN 978-3-89981-074-5

Ursula Kals
Mut zum Wechsel
So gelingt Ihnen der Aufbruch in die zweite Karriere
192 Seiten. Hardcover mit Schutzumschlag.
24,90 € (D), 44,00 CHF*
ISBN 978-3-89981-121-6

Rainer Wälde
Understatement
Der Stil des Erfolgs
200 Seiten. Hardcover mit Schutzumschlag.
24,90 € (D), 44,00 CHF*
ISBN 978-3-89981-174-2

Alexander Freiherr von Fircks
Business-Etikette für Fortgeschrittene
So bewegen Sie sich sicher auf jedem Parkett
200 Seiten. Hardcover mit Schutzumschlag.
24,90 € (D), 44,00 CHF*
ISBN 978-3-89981-178-0

Christoph Moss
Deutsch für Manager
Fokussierte Stilblüten aus der globalisierten Welt der Sprach-Performance.
184 Seiten. Flexcover.
17,90 € (D), 31,70 CHF*
ISBN 978-3-89981-173-5

Alexander Ross, Reiner Neumann
Fettnapf-Slalom für Manager
In 30 Tagen sicher ans Ziel
200 Seiten. Hardcover mit Schutzumschlag.
17,90 € (D), 31,70 CHF*
ISBN 978-3-89981-129-2

Christiane Harriehausen
Altersfalle Immobilie?
So werden Ihre vier Wände nicht zur Last.
Tipps, Alternativen und Praxishilfen
130 Seiten. Paperback.
20,90 € (D), 36,90 CHF*
ISBN 978-3-89981-160-5

Wolfgang H. Sander
Altersvorsorge
So sind Sie gut gerüstet für die Zukunft. Tipps, Checklisten und Modelle für jedes Alter
212 Seiten. Hardcover mit Schutzumschlag.
24,90 € (D), 44,00 CHF*
ISBN 978-3-89981-181-0

* *zzgl. ca. 3,– € Versandkosten bei Einzelversand im Inland. Sämtliche Titel auch im Buchhandel erhältlich.*

Frankfurter Allgemeine Buch

Rainer Hank Hg.
Erklär' mir die Welt
Was Sie schon immer über Wirtschaft wissen wollten
336 Seiten. Hardcover mit Schutzumschlag. 24,90 € (D), 44,00 CHF*
ISBN 978-3-89981-156-8

Hanno Beck
Die Logik des Irrtums
Wie uns das Gehirn täglich ein Schnippchen schlägt
208 Seiten. Hardcover mit Schutzumschlag. 24,90 € (D), 25,50 € (A)*
ISBN 978-3-89981-157-5

Sabine Strick Hg.
Die Psyche des Patriarchen
200 Seiten. Hardcover mit Schutzumschlag. 24,90 € (D), 44,00 CHF*
ISBN 978-3-89981-172-8

Gerald Braunberger, Benedikt Fehr Hg.
Crash
Finanzkrisen gestern und heute
224 Seiten. Flexcover.
17,90 € (D), 31,70 CHF*
ISBN 978-3-89981-177-3

Hanno Beck
Das kleine Wirtschafts-Heureka
Ökonomische Geistesblitze für zwischendurch
224 Seiten. Flexcover.
*17,90 € (D)**
ISBN 978-3-89981-189-6

Dirk Freytag
Macht
Eine Gebrauchsanweisung für den Alltag
232 Seiten. Hardcover mit Schutzumschlag. 17,90 € (D), 31,70 CHF*
ISBN 978-3-89981-171-1

Daniel Schäfer
Die Wahrheit über die Heuschrecken
Wie Finanzinvestoren die Deutschland AG umbauen
224 Seiten. 2., akt. Auflage. Hardcover mit Schutzumschlag.
24,90 € (D), 44,00 CHF*
ISBN 978-3-89981-119-3

Hans Kammerlander, Rainer Kurek
Direttissima zum Erfolg
Was (Automobil-) Manager vom Höhenbergsteigen lernen können
192 Seiten. Mit zahlreichen Farbbildern. Hardcover mit Schutzumschlag.
24,90 € (D), 44,00 CHF*
ISBN 978-3-89981-158-2

Daniel F. Pinnow
Elite ohne Ethik?
Die Macht von Werten und Selbstrespekt
196 Seiten. Hardcover mit Schutzumschlag. 24,90 € (D), 44,00 CHF*
ISBN 978-3-89981-137-7

** zzgl. ca. 3,– € Versandkosten bei Einzelversand im Inland. Sämtliche Titel auch im Buchhandel erhältlich.*

Frankfurter Allgemeine Buch

Françoise Hauser
Reisejournalismus
Das Handbuch für Quereinsteiger, Globetrotter und (angehende) Journalisten
224 Seiten. Hardcover mit Schutzumschlag. 24,90 € (D), 44,00 CHF*
ISBN 978-3-89981-184-1

Heiko Burrack, Ralf Nöcker
Vom Pitch zum Award
Insights in eine ungewöhnliche Branche
224 Seiten. Hardcover mit Schutzumschlag. 24,90 € (D), 44,00 CHF*
ISBN 978-3-89981-164-3

Hartwin Möhrle
Krisen-PR
Krisen erkennen, meistern und vorbeugen – Ein Handbuch von Profis für Profis
200 Seiten. 2. Aufl. Hardcover mit Schutzumschlag. 29,90 € (D), 52,00 CHF*
ISBN 978-3-89981-135-3

Albert Thiele
Argumentieren unter Stress
Wie man unfaire Angriffe erfolgreich abwehrt
280 Seiten. 6. Aufl. Hardcover mit Schutzumschlag. 24,90 € (D), 44,00 CHF*
ISBN 978-3-89981-017-2

Albert Thiele
Präsentieren Sie einfach
Mit und ohne Medien – Techniken und Strategien für Vorträge unter Zeitdruck
256 Seiten. Hardcover mit Schutzumschlag. 29,90 € (D), 52,00 CHF*
ISBN 978-3-89981-123-0

Viola Falkenberg
Pressemitteilungen schreiben
Die Standards professioneller Pressearbeit. Mit zahlreichen Übungen und Checklisten
240 Seiten. 5., akt. Aufl. Hardcover mit Schutzumschlag. 24,90 € (D), 44,00 CHF*
ISBN 978-3-89981-169-8

Christian Sauer
Souverän schreiben
Klassetexte ohne Stress
Wie Medienprofis kreativ und effizient arbeiten
224 Seiten. Hardcover mit Schutzumschlag. 24,90 € (D), 44,00 CHF*
ISBN 978-3-89981-139-1

Renée Hansen, Stephanie Schmidt
Konzeptionspraxis
Eine Einführung für PR- und Kommunikationsfachleute
Mit einleuchtenden Betrachtungen über den Gartenzwerg
200 Seiten. 3., akt. Aufl. Hardcover mit Schutzumschlag. 25,90 € (D), 45,50 CHF*
ISBN 978-3-89981-125-4

Hans-Peter Förster
Texten wie ein Profi
Ein Buch für Einsteiger und Könner
Mit über 5.000 Wortideen zum Nachschlagen
270 Seiten. 10. Auflage. Hardcover mit Schutzumschlag. 25,90 € (D), 45,50 CHF
ISBN 978-3-89981-186-5 #3186

** zzgl. ca. 3,– € Versandkosten bei Einzelversand im Inland. Sämtliche Titel auch im Buchhandel erhältlich.*

Frankfurter Allgemeine Buch